JN092786

西洋哲学の根源

納富信留

装丁・ブックデザイン：畑中　猛

西洋哲学の根源（'22）

s-54

まえがき

古代ギリシア哲学と呼ばれる西洋古代の哲学は，人類の知的な歴史を辿り，現代の思想や文化を知る上で欠かすことのできない「起源」としての位置づけをもっている。つまり，現代社会で今ある哲学や学問の形態と基本的な内容は，その多くが古代ギリシア・ローマ時代に生み出され，伝統として西洋に伝承してアジアや日本など世界に広がって共有されたものなのである。本書はその根源的な姿を明らかにしていく。

古代ギリシア哲学は，紀元前 6 世紀初めから紀元後 6 世紀前半までの11世紀にわたって地中海地域で展開された思想の総体で，それを哲学史にまとめて論じるにあたっては多くの方法と問題点がある。通常のギリシア哲学史は，最初期から時代順に哲学者や学派を紹介していく枠組みで，人類の思想が発展していく知的歴史を辿る。18～19世紀に成立したそのような哲学史の枠組みは，古代を中世・近世・近代・現代と続く西洋哲学の原点とし，後世に克服されるべき多様な思想の生誕の場として叙述してきた。

本書はそういった従来の枠組みから一旦自由になり，古代ギリシアで行われた哲学をそのものとして取り出して示し，そこで現代の私たちが新たな哲学を行うことを目指す。そのために，従来の発展的哲学史，とりわけ，アリストテレスの哲学史（『形而上学』A 巻）を範にしてヘーゲルが人間精神の展開と考えた「哲学史」の描き方を避ける。だが，そのヘーゲルが批判した「阿呆の画廊」としての哲学史，つまり様々な過去の哲学者と思想を美術館のギャラリーのように陳列する羅列的な哲学史に戻るわけでもない。まずは個々の哲学者と彼らの思索を総合的に，かつ詳細に検討することが基盤となるが，初期と古典期の哲学者については拙著『ギリシア哲学史』（筑摩書房，2021年）ですでにまとめて示していることから，本書ではそれを前提にギリシア哲学を全体として考察する複眼的哲学史を試みたい。

本書が試みた視野では，哲学は単一の発展史に解消されることなく，複数の問いと答えが相互に連鎖しながら多元的な探究を進めた様が明らかになる。従来のヘーゲル的な発展史観では，多くの哲学者が一つのストーリーに吸収されてしまったり，本来はつながりの薄い哲学者同士に継承関係が措定されたりしてしまう。また，一つの叙述の流れからはみ出したり，取り残されたり，時代に逆行するかのようにみえる哲学者たちが，哲学史からは排除されてきた。つまり，強引な発展的哲学史は，現代の図式から見たいものしか見てこなかったのである。

本書はそういった方法論的な誤りを避けるため，3つの工夫を取り入れる。第1に，複数の「筋」を立てて並行的に哲学史を考察することで，単一の筋にまとめる強引さを避けて，より包括的な視野を確保していく。第2に，哲学者たちを過度にグループ化することなく，個別の哲学者の独自性を重視する。これにより，一人の哲学者が複数の筋に登場して，それぞれの場面で独自の思索に貢献した様子が見えてくる。個別の哲学者については，先述の『ギリシア哲学史』をその都度参照していただきたい。ただし，ヘレニズム期以降は個人よりも学派が中心となる傾向がある。第3に，各々の筋は哲学者たちに思索を促した「問い」，あるいは広い意味での問題関心を取り上げて，それへの応答を系譜や対比として示す。筋の中には，「万物の始源とは何か」といった具体的で明示的な問いもあるが，どんな言葉のスタイルで表現するかといった遂行的な問題関心もある。だが，どちらの場合でも同時代の哲学者同士で，あるいは先人に対して応答することで多様な考えが競争的に提示されてきたことがわかる。この仕方での哲学史叙述は，アリストテレス学派に由来する「学説誌（ドクソグラフィ）」というギリシア由来の方法を範にとっている。

多くの哲学者の名前が登場することから，巻末の人名索引や年表を活用してもらいたい。ギリシア哲学者の推定生没年は人名索引に付し，それぞれの主な哲学者については初出時に簡単な説明を加える。

2021年10月
納富　信留

凡例

1．重要概念には原語（主にギリシア語）をカタカナで示す。
2．ギリシア語をカタカナ表記するにあたり，ファイ φ（ph）は「ファ，フィ，フ，フェ，フォ」，カイ χ（kh）は「カ，キ…」を用いる。固有名詞に原則として長音は入れない。ただし，慣例に従い，厳密な統一はしていない。
3．書名は『　』で，論文名や語句の引用は「　」で表記する。
4．著作や断片からの引用はすべて著者の翻訳であるが，既訳も参照させてもらった。引用文中で著者が加える注記は［　］で示す。
5．初期哲学の断片への参照はDK資料集とLM資料集の番号を並記する。DK番号はヘルマン・ディールス，ヴァルター・クランツ『ソクラテス以前哲学者断片集』全5冊＋別冊，内山勝利編訳，岩波書店，1996‐1998年，LM番号は，André Laks and Glenn W. Most, 2016. Early Greek Philosophy, 9 vols., Loeb Classical Library, Cambridge Mass: Harvard University Press で参照する。例えば，フィロラオスの著作冒頭（49頁引用）は，DK資料集の第44章の断片1で，LM資料集ではフィロラオス（PHILOL.）の学説2番のため，「DK 44 B 1＝LM PHILOL. D2」と表記する。

目 次

1　哲学の起源

《始まりを問うこと》　哲学はどう始まったのか，始まるとは何か？

「哲学とは何か」を考えるにあたり，哲学の起源がどうなっていたのか，つまり哲学がどう始まったのかを考えることは重要である。そこでは「始まる」とはどういうことかが改めて問題となり，哲学を人間の本質的な営みとすることの意味が問われる。西洋哲学が始まったとされる古代ギリシアの特徴と，それが現代にもつ意義を考察する。古代ギリシア哲学史とは，始まりの現場から哲学のあり方を問い直す試みである。

1. 哲学とは何か

哲学とは，現代を生きる私たちにとって何なのか。何をもたらしてくれる，どのような営みなのか。哲学には，大学で専門家が研究する高度で難解な学問だと思われている面もあれば，誰もが必要とする思考力や判断力に結びついた面もあり，生き方の倫理に関わる面もある。また，経営哲学や政治哲学といった社会の様々な実践の場面で哲学が語られることも多い。現代社会ではどちらかというと学問として理解される哲学であるが，ソクラテスやカントといった誰もが知っている哲学者を挙げると，むしろ人生や叡智の見本というイメージが強い。

哲学が取っ付きにくいという印象は，この漢語の難解さにあるとも言われる。「哲学」の「哲」という漢字は「物の道理に明るいこと」，つまり知恵を意味する言葉である。その「哲学」という日本語を作った幕末明治期の啓蒙思想家・西周（にしあまね）は，ギリシア語の「フィロソフィアー（知を愛し求めること)」に遡ってその意味を考えて,「希哲学（哲を希う学)」さらに「哲学」という言葉を考案したのである。一目で意味が明らかではない熟語ではあるが，その後中国や韓国でも用いられ，日本でも1世紀半使われて私たちの生活に定着している。

私たちが「哲学」と呼ぶ時，主に念頭に浮かぶのは西洋の哲学である。西洋哲学とは，古代ギリシアに始まり，ローマ帝国やキリスト教中世を経て，近代から現代までヨーロッパと北アメリカで展開されてきた思想の営為である。私たちが知っている多くの哲学者はこの流れに属しており，現代の哲学は特に断りもなく西洋哲学の基盤の上で論じられる。では，西洋哲学とは一体何なのか。

20世紀の哲学者・ホワイトヘッドは，西洋哲学史を「ヨーロッパの哲学伝統の最も安全な一般的性格づけは，それがプラトンについての一連の脚注からなっているということである」と評した（『過程と実在』2.1.1，1929年)。西洋哲学の営みは古代ギリシアでプラトンが惹起した問題の圏域で動いてきたという意味である。現代の哲学ではニーチェやポストモダンが「プラトン主義の転倒」を掲げて乗り越えを目指しているが，その限りで西洋哲学はギリシア以来の土俵にある。だが，西洋哲学が人類の哲学の全てではない。その西洋哲学とは一体何かを反省する上で，プラトンやアリストテレスらの原点に立ち戻って根本から再検討する必要がある。重要なのは，私たち自身が彼らと一緒に考え，彼らと対決しつつ，今ここで新たな哲学を遂行することである。

古代ギリシアにおける「フィロソフィアー」の成立とその展開を見ることは，現代に世界で共有されている「哲学」という営みの本質を知るためにとりわけ重要である。人類が今日まで受け継いできた哲学の伝統には，西洋哲学の他にも，インドや中国の諸々の哲学・宗教や，西洋哲学とも関わって発展したイスラーム哲学，さらに日本の哲学もある。それらを総合的に見る「世界哲学・世界哲学史」の視野も重要となっているが，その中核となる西洋哲学と，その起源としての古代ギリシア哲学を改めて徹底的に考えることが，今日の私たちの生き方や世界に対して大きな意義をもつからである。

以下，西洋古代哲学を「ギリシア哲学」と呼び，そこに立ち返る意義を考察する。

2．ギリシア哲学の２つの意義

ギリシア哲学は人間の歴史において特別な位置を占めてきた知的営為であり，それを学ぶ意義は大きく２つある。哲学と学問の起源という点，および，哲学の概念・問題・枠組みという点である。

第１に，「フィロソフィアー」というギリシア語の合成語は前６世紀末に初めて用いられ，欧米語を通じて日本語の「哲学」となった。その呼称のもとで哲学は日本を含む全世界で学ばれている。「哲学」とは万物の根源をめぐる基礎的な探究であり，人間の生き方をめぐる倫理的な考察であり，普遍的な真理を求める総合的な知の営みであるが，その基本理念が形作られ発展したのが古代ギリシアという時代であった。それゆえ，ギリシア哲学を考察することで「哲学とは何か」を解明し，それを通じて私たち自身が普遍的に哲学を遂行できるのである。

また，哲学だけでなく，現在大学や学術・教育機関で従事されるほとんど全ての学問が，古代ギリシアに溯源（そげん）をもつ。自然科学も医学も歴史学も文学も法学も政治学もギリシア・ローマで成立した。だが，その意義は原点であることに留まらない。ギリシア哲学は「哲学とは何か」を探究し，「人間とは何か」また「理性とは何か」の問いへ私たちを差し向ける。そこで投げかけられた問いが普遍性を求める知的営為，善き生き方を求める倫理的営為を促し，私たちの考え方や生き方を形作っているからである。本書第12章で論じるように，学問とその伝統が成立した場が古代ギリシア哲学なのである。

第2に，哲学で論じられる多くの問題とそこで用いられる様々な概念，さらに問題の枠組みそのものが，古代ギリシアの哲学者たちが創設し鍛え上げたものである。

哲学概念でいくつか例を挙げると，「原理」と訳される「アルケー arkhē」は，初期ギリシアの哲学者たちが「始源」として論じた言葉を，アリストテレスが体系的に用いたものである。プラトンの「イデア idea」も，ギリシア語の「姿，形」にあたる言葉を，目ではなく知性で見る真のあり方という意味で転用したものである。近代で「観念」と訳される哲学概念の元である。また，プラトンが「イデア」と同義で用いた「エイドス eidos」という語は，アリストテレスが「形相，種」という意味に用いて今日まで受け継がれている。形相と対になった「質料 hȳlē」は「木材」という語を哲学的に術語化したものである。それらはラテン語を経て，英語の principle，idea，form，matter として今日では日常語の「原理，考え，形式，素材」としても使われる。他方で，アリストテレスの「本質（ト・ティ・エーン・エイナイ to ti ēn einai）」や「基体，主語（ヒュポケイメノン hypokeimenon）」はギリシア語を改良して創り出した哲学術語である。

また，すでにある哲学用語を異言語に翻訳する過程ではその創出が模倣的に再現される。例えば，キケロやルクレティウスがギリシア語の哲学概念をラテン語に翻訳し導入した際，両言語の間のズレや誤解を通じて新たな思索の展開が起こった。このように，哲学概念として用いている言葉は，元来日常で用いられていた語を専門用語化したものや，新たに造語したものもあり，それが長い時代を経て定着したのである。哲学概念には術語の成り立ちや背景や意味の変遷を考慮する必要があり，その多くはギリシア哲学に源をもっている。

個々の概念に加えて，それを扱う問題 problem（原語はギリシア語のプロブレーマ problēma で「前に投げ出されたもの」の意）も歴史的であり，その多くが古代ギリシアで提示された。例えば，ギリシア哲学には当初「意志 will」や「意識 conscious」といった概念が無かったが，それらが古代後期から中世にかけて問題化されたことが分かっている。自由意志をめぐる問題は，エピクロス派の因果論やストア派の運命論・決定論・摂理論において問題となり，「意識」という概念とそれをめぐる問題も古代哲学から中世哲学で練り上げられてきた。私たちが当然と見なす哲学の諸問題は歴史的背景抜きに理解できない。私たちが拠って立つ西洋哲学を見直しそれを超えるために，古代ギリシアに戻って考えることが有効となる。

さらに，概念や問題を含む哲学の枠組みも歴史的である。ギリシア哲学と呼ばれる枠組みと，それが発展したとされる西洋哲学が，全体として非西洋の種々の哲学伝統との対比で検討されるべきである。西洋では，古代ギリシア哲学に続く中世哲学はキリスト教に基づく世界観と倫理観であり，近代哲学は近代科学を生み出した。現代哲学は「近代（モダン）」を反省し乗り越えようとする一連の動きである。これらの概念・問題・枠組みを哲学史的に反省することは，私たちにその歴史性を自覚させ，相互の異同において思考の特徴を際立たせる。西洋哲学という歴史と枠組みをギリシア哲学に遡って検討することで，やがて他の文化や伝統に開かれて「世界哲学」につながることが期待される。

3．現代への反省

古代ギリシア哲学に遡って「哲学」の歴史性を認識することは，そこに違和感を感じる私たち自身の哲学の場を浮かび上がらせる。私たちはすでに歴史的存在であり，歴史の制約下にある。思考は決して自由で無色透明なものではなく，21世紀に日本語で哲学に従事することの歴史的制約と豊かさが意識されなければならない。現代の哲学が純粋に普遍的だと考えるのは幻想であり，現代がより優れているというわけでもない。また，こうして哲学史を考察して思索する私たちもその哲学史の一部であり，やがて後世の哲学史家によって考察される対象となるはずである。そういった歴史的な視座を与えてくれるのが，古代ギリシアという起源なのである。

自由な思索と思われがちな哲学的思索も，深くそれぞれの社会に根ざしていることは明らかである。古代ギリシアではポリス社会という政治・社会体制，および民主政（デーモクラティアー）の発展が基本要因となり，貨幣経済の浸透という経済状況は価値観や世界観を変化させた。何よりも言論の自由（パレーシアー）と対話・討論の文化が哲学成立の基盤にある。そういった哲学史の社会的背景も哲学史の研究対象であり，その検討を通じて，哲学という知的・社会的活動を遂行する私たちのあり方が反省的に示される。

アテナイの丘の上に建つパルテノン神殿〔ユニフォトプレス〕

日本の哲学や文化が培われてきたのも，東アジアの思想風土において西洋近代哲学を受け入れ，グローバル化した基盤の上でのことである。現代に私たちが大学などで学び，書物を読んだり講演を聞いたり討論に参加して行っている哲学は，どのような可能性と限界をもっているのか。それらを自覚するために，違和感と共感の両面において私たちを哲学へと誘ってくれるのが，古代ギリシアの哲学なのである。

ギリシア哲学がもたらしたものは西洋文明の華やかな成果だけではない。それは基底的な役割において西洋文明の負の側面を強化したのではないかとも指摘されている。西洋哲学と自然科学は，近代の科学革命や産業革命を通じて全世界で生活様式や自然環境を変えてきた。それがもたらした負の遺産は，起源であるギリシアの哲学にも何がしか起因するのではないかという疑いである。例えば，ギリシアに由来する「自然，技術」といった概念が人間と環境との関わり方を規定してきたとの見方もある。また，「理性」によって進歩した文明が，20世紀に全面戦争や大量虐殺という破壊をもたらしたことも，ギリシアに遡ってその責任が問題化されている。テオドール・アドルノとマックス・ホルクハイマーの共著『啓蒙の弁証法』（1947年）は，近代理性がもたらした野蛮や暴力を論じて，その原型としてホメロス『オデュッセイア』を検討した。また，カール・ポパーは『開かれた社会とその敵』（1945年）で，ナチズムやマルクス主義（スターリニズム）という全体主義の起源をプラトンのイデア論に求めて痛烈に批判した。現代文明に影響をもたらした根源として，古代ギリシアの哲学は現在でも論争の焦点となっている。

4. 始まりを問うこと

哲学とは，一方で，それが埋め込まれた時代状況や影響を離れて普遍的かつ絶対的に遂行される側面をもつ。つまり，哲学は時代や場所や社会や個人的背景といった個別性に還元されない人間そのものの営為であって，通常の意味での歴史を超えている。他方で，すでに見たように哲学は歴史性をもち，古代ギリシアという起源に制約された側面ももつ。この両面の間で私たちが正しく哲学を行うためには，ソクラテスやプラトンやアリストテレスらギリシアの哲学者たちがどのように哲学を始めたのかを知ることが必要である。では，「哲学が始まった」とはどういうことか。この問いは「始まりとは何か」を考えることでもある。

始まるとはどういうことか。始まりは通常は何かの始まりであり，その存在が確認されている，あるいは前提されているものについて語られる。このことは現在の事態，あるいはすでに終結している事態から遡ってその始まりを定める営みを意味する。つまり，始まりは何らかの意識的な遡及によってのみ明らかになる。それゆえ，始まりへの問いは現に明らかであるものからその背後，あるいは根底にある目に見えないものへ遡る思考の営みである。西洋哲学をその起源であるギリシア哲学に遡ることは，その意味で，西洋哲学というあり方を前提にしてそれを捉え直す視点となる。

また，何かに遡って問う思考が可能になるのは，現にあるものにつながって一つのものとして存続しているからであろう。同じものが存続している，あるいは何か新しいものを生み出したり変容させたりしながら，それが同一の形を維持していることが条件である。哲学史の始まりを問う場合，そこから哲学という営みが同一の形で継続し，展開していったと見なす必要がある。「始まりとは何か」を問うことで，哲学という人間の営みが姿を現すのである。古代ギリシアから始まって展開してきた西洋哲学を一つの全体として問い直すことが，そうして可能になる。

すでに終わってしまったものにも「始まり」を問うことはできるが，

現在まさに進行中の営みについて「始まり」を問うことは，哲学的な困難を伴う。全体が定まっていないため，何を基準にその始まりを問えばよいのか，はっきりしないからである。だが，それにも増して重要なことに，そうして始まりを問うている間にも，また問うことによってもその対象が変化している。哲学の歴史においてはこうして始まりを問うという営み自体が哲学のあり方であるため，その遂行が哲学そのものを動かし，変えていくという特徴がある。

さらに，問う者を巻き込み，その人自身を問いに晒すのが「始まりとは何か」の問いである。この問いにどう答えるかが，現在の哲学であり，答えの方向によっては始まりそのものへの視座も変更されるかもしれない。にもかかわらず，その始まりを問うという思索の挑戦が，現在私たちが遂行している哲学を変え，そうして問う私たち自身の考えやあり方を変えていく。この意味では，ギリシア哲学に立ち返って考察すること自体が，私たちの現在の哲学を変容し形作るのである。

始まりにおいて何かが生成し創造される。そこで何かを始めるのは，問いである。「それは何か」という根拠への問いは，タレスやアナクシマンドロスが万物の始源について発した問いであり，正義や美や善についてソクラテスが質した問いである。この問いが生み出したのが，世界の新たな見方であり意味である。タレスが「水」と言ったことで私たちが生きる宇宙が新たな相貌で現れ出て，アナクシマンドロスの「無限」やヘラクレイトスの「ロゴス」やパルメニデスの「ある」という言葉が私たちに全く新しい地平を開いてくれた。世界の意味が新たに生み出された瞬間である。彼らの問いを私たち自らが問い直し，その始まりを追体験することが，ギリシア哲学を学ぶことである。

ギリシア哲学が始まりであることには「始まること」がそこにあった，つまり問いによって何かが存在にもたらされたという，世界の開示が関わっている。そのような意味での「始まり」を古代ギリシアという歴史上の現実に探ること，それがギリシア哲学史の研究なのである。現代に，いや，いついかなる時であれ，哲学は果たして成立し存在するのか。それは，これから始まることに向けて，私たち自身のあり方をかけて「始まり」の可能性を問うことである。

ギリシア語の「アルケー」は時間的な始まりであると同時に，現在のあり方の始源として「原理（ラテン語 principium）」も意味する。過去の基底的要因が現在も脈々とあるという感覚，それゆえにそれが始まりとして探究されるという意義が「アルケー」の二義に込められる。ギリシア哲学史を通じて始まりの問いに向き合うことが哲学の可能性に向けた一つの実践となる。哲学は，今ここで始めなければならない。

5．哲学の誕生

では，古代ギリシアにおいて「哲学が誕生した」とはどういうことか。そもそも人間に普遍的な営みであるはずの哲学が，なぜ紀元前 6 ～前 5 世紀のギリシアという特定の地域・言語・文化において成立したと言われるのか。

まず，「哲学が誕生した」と言ってもそれは特定の歴史的出来事に限定できず，多様な理解があることにも注意しよう。アリストテレスの権威の下で「哲学の創始者」と呼ばれてきたのは，前 6 世紀前半に活躍したタレスである。タレスはミレトスの指導者として政治にも関わり「七賢人」の一人にも数えられたが，著作は残さず，万物の始源について「水だ」と主張したと伝えられる。だが，タレスの他にも彼の年下の同郷者アナクシマンドロス，あるいは「哲学者（フィロソフォス）」という造語を最初に語ったとされるピュタゴラス，存在論の創始者パルメニデスや倫理学を始めたソクラテスに哲学の創始を帰する見方もある。

だが，特定の誰が最初かというだけでなく，この時期のギリシアに哲学の起源を帰すること自体にも問題がある。ギリシアで哲学が始まったとされる前６世紀より以前に，エジプトやメソポタミアではすでに2000年にわたる先進文明があり，ギリシアでもホロメスやヘシオドスの叙事詩は前700年頃に成立していた。では，なぜそれらの先行者ではなく周縁の地のギリシアでこの時期に新たな知の動きが生じたのかは，現在でも十分に説明できない。だが，同時代にインドや中国でもそれまでの伝統を打ち破る新たな宗教や思想が登場しており，カール・ヤスパースは『歴史の起源と目標』（1949年）で「枢軸の時代」と呼んだ。より古い文明で培われた知恵や技術から，人類が何を新たに切り開いたのか，その謎を解く鍵は古代ギリシアにおける哲学と科学の誕生にある。

最初の哲学者とされるタレスは「七賢人」と呼ばれる伝統的知者の代表人物でもあった。ソロンやピッタコスら七賢人は，人生を送るための有益な知恵や社会の調和をはかる共同体の知恵に優れ，それを格言や詩の形で語り人々の生き方を導いていた。タレスは，一方でその知恵の伝統にありながら，他方で哲学という新たな知のあり方を開いたことになる。

だが，タレスに創始を帰す論拠もそれほど強力ではない。後３世紀前半にディオゲネス・ラエルティオスが著した『哲学者列伝』は，すでに古代において哲学の起源を誰に帰するかで論争があったことを報告している。ディオゲネス・ラエルティオスはエジプトなどの異国起源説を検討した上で退けて，ギリシア人において哲学が始まったと断言する。その根拠は，「哲学はギリシア人の間から起こったのであり，哲学という名前そのものも，ギリシア語以外の他の国の言葉で呼ばれることを拒否している」（1.4）というものであった。

「フィロソフィアー」にあたる名称が他の文明には存在せず，ギリシアで誕生して以降もラテン語をはじめ諸言語で翻訳されずに音写されてきたことは，その後も今日まで続く歴史的事実である。「フィロソフォス」という呼称を最初に使ったのはピュタゴラスとされる。東エーゲ海のサモス島出身で，僭主と対立して南イタリアに亡命したピュタゴラスは，クロトンに魂の輪廻転生などの教えを共有する共同体を設立した。彼が「ソフォス（知者）」とは異なる「フィロソフォス（知を愛し求める者）」という語を初めて使ったと伝えられる。これも哲学の誕生を徴す重要な出来事の一つである。

だが，「始まり」をめぐってこのように複数の候補が提案されているという事情自体が，私たちがギリシア哲学史を新たに描き出す視点を与えてくれる。おそらくギリシア哲学は誰か一人がある時点で突然に始めたものではなく，ある時代に多くの思想家たちがその論争において生み出したものだと考えられるからである。本書では，その様子を個々の哲学者や思想に寄り添いながら俯瞰的に考察していきたい。

6. 世界哲学におけるギリシア哲学

これまで「哲学（フィロソフィー）」とは基本的に西洋哲学を指すものと理解されてきた。だが，グローバルな社会で生きる現代の私たちは，それぞれの文化で培われてきた世界の見方や人生の送り方やものの考え方を見直して生かすことで，多元的で開かれた「世界哲学（World Philosophy）」を目指さなければならない。そこでは，中国や朝鮮や日本といった東アジアの思想文化が新たに重要な役割を担うはずだが，それは西洋哲学に対抗して批判するだけのものではなく，すでに歴史において互いに影響を与えながら異なる視座を提供してきた哲学の基軸として，世界哲学の重要な一角となっているからである。本書第15章では，日本とギリシア哲学の関わりを歴史的に検討することで，この問題も考えたい。

世界哲学とは，単に地球上の各地域での思想伝統を寄せ集めるものではなく，私たちが生きる生活世界と地球環境や宇宙を歴史的に捉える総合的な哲学の試みである。それは，これまで「哲学」と呼ばれてきた狭い領域からより多角的で柔軟な思索へと私たちを導いてくれるはずである。もし西洋哲学がある種の歪（ゆが）みや負の遺産をもつとしたら，それを反省的に克服する可能性もそこで模索されるはずである。

世界哲学の視野へと「哲学」を開放することは，これまで西洋哲学の起源という位置づけで重視されてきたギリシア哲学にとって，その特権を失うことになるのだろうか。私はむしろここでギリシア哲学を徹底的に考察することが，真に世界哲学を始めさせる基点となるのではないかと考えている。ギリシアにおける「哲学」の誕生は決して単一で絶対的なものではなかった。そこには多様な可能性と相互対立があり，その緊張が思考の進展を促していた。古代ギリシアにおける「哲学」を再検討することが，西洋哲学そのものが潜在的にもってきた力を甦（よみがえ）らせることにつながるはずである。そのために，古代ギリシアの知的営為を総覧的に見ていく作業が遂行される。

また，同時代に中国やインドなどで展開された哲学や，後世に各文化圏で繰り広げられた諸哲学と並べて見ることで，それらとの共通性と独自性においてギリシア哲学の特徴も明らかとなるはずである。ギリシア哲学を世界哲学史に位置づけることは，その豊かさを最大限に生かす作業となることが期待される。

#まとめてみよう！　古代ギリシア哲学を学ぶ意義

今日私たちが哲学を学び，自ら哲学をする上で，西洋古代哲学に立ち返る意義について，論点を整理しながら具体的に考えてみよう。その際，ギリシア哲学に由来する学問や概念には何があるか，列挙してそれぞれの起源を調べてみよう。また，ギリシア哲学が世界哲学の視野でもつ可能性を検討することも大切である。

参考文献

ディオゲネス・ラエルティオス『ギリシア哲学者列伝』全 3 巻，加来彰俊訳，岩波文庫，1984-1994年

G.S. カーク，J.E. レイヴン，M. スコフィールド『ソクラテス以前の哲学者たち　第 2 版』，内山勝利他訳，京都大学学術出版会，2006年（原著，1983年）

伊藤邦武，山内志朗，中島隆博，納富信留編『世界哲学史』全 8 巻＋別巻，ちくま新書，2020年

納富信留『哲学の誕生 —ソクラテスとは何者か』，ちくま学芸文庫，2017年（原著，『哲学者の誕生 —ソクラテスをめぐる人々』，ちくま新書，2005年）

ハンス=ゲオルク・ガダマー『哲学の始まり —初期ギリシャ哲学講義』，箕浦恵了，國嶋貴美子訳，法政大学出版局，2007年（原著，1996年）

André Laks, The Concept of Presocratic Philosophy : Its Origin, Development, and Significance, trans. Glenn W. Most, Princeton : Princeton University Press, 2018

廣松渉他編『岩波　哲学・思想事典』，岩波書店，1998年

2 西洋古代哲学の全体像

《ギリシア哲学の枠組み》 古代哲学の全体をどう捉えるか？

「ギリシア哲学」はどのように把握されるのか。まずは，時代と範囲を限定し特徴を整理することで全体の見取り図を描く。ここでは11世紀にわたる営為を４期に区分し，それぞれの時期の言論と思索を整理する。そこでは社会的背景が大きな区分をなし，ギリシア語とラテン語の関係，ローマ期以降のキリスト教との関係などが考慮される。それらの特徴を押さえながら古代ギリシア哲学の全体像と流れを把握しよう。

1．ギリシア哲学史の規定

西洋の古代哲学，つまりギリシア哲学とは何かを論じるために，まず概括的な規定を示したい。

> ギリシア哲学とは，紀元前６世紀初めから紀元後６世紀前半まで，地中海東部から西ヨーロッパの地域で，つまり，ギリシアのポリス世界からヘレニズム世界を経てローマ帝国まで，古代ギリシア語，およびラテン語で営まれた，キリスト教以外の哲学である。

最初に呼称の問題を検討しておこう。西洋では，当然のようにギリシア・ローマの世界を自分たちの「古典（クラシック）」と呼び，「古典哲学」という表現が使われるが，逆にギリシア・ローマの後継者がヨーロッパと北アメリカに限定されるかは疑問である。ギリシア哲学はシリア語やアラビア語に導入されイスラーム哲学で重要な役割を果たしており，またビザンツ（東ローマ帝国）から東欧やロシアに受け継がれた。だが，そういった伝統は通常は西欧という意味での「西洋」の哲学から外されている。この点には注意が必要である（第14章参照）。

また，紀元前後からローマで発展した哲学には「ローマ哲学」の呼び名が用いられることもある。だが，それはヘレニズム期までのギリシア哲学の継続であり，主な使用言語が引き続きギリシア語であったことからも，ギリシア哲学に含めるのが妥当であろう。

「ギリシア」という呼称にもいくつかの注意点がある。まず，ギリシア人を規定するのにギリシア語とギリシア宗教（宗教行事であるオリンピック競技会を含む）という共通基盤が用いられるのは古くからの伝統であるが，主にヘレニズム期以降には，非ギリシア人やギリシア語を母語としない哲学者も多く出た。その一方で，ギリシア語の文化は主にビザンツで連綿と受け継がれ，近現代にもギリシアという国で文化伝統は続いている。だが，ギリシア哲学を非キリスト教，つまり「異教」の哲学とする限りで，キリスト教社会となったビザンツ以降は私たちの考察範囲から外れる。

次に，ギリシアで成立したとされる「哲学」の範囲も自明ではない。「フィロソフィアー」の語はおそらくピュタゴラスに由来するが，本格的に普及するのはプラトンやイソクラテスの時代になってからである。従って，前６～前５世紀の初期ギリシア哲学はこの名称の使用に関わりなくそう呼ばれるが，それは哲学というジャンルが他の諸ジャンルとの対抗や区別において打ち出されて以後の見方が，それ以前に遡（さかのぼ）って投影された呼称である。

哲学がジャンルとして確立したのは前４世紀前半においてであり，とりわけプラトンによるソフィストや弁論家や詩人の批判が重要である。

それゆえ，それまでは知者，知識人としてまとめて扱われていた詩人(悲劇・喜劇を含む)，宗教者，歴史家，医師，政治家らが「哲学」の歴史から排除された。その意味で，本書が論じる「ギリシア哲学」が明確な形をとったのは，前 4 世紀の学園アカデメイア，リュケイオンにおいてと考えるのが適当であろう。

本書ではこの限定の下で，政治家で詩人でもあったソロンや，倫理的な言説も多い叙情詩人シモニデスやピンダロス，悲劇詩人ソフォクレスやエウリピデス，喜劇詩人アリストファネスらは考察から外す。歴史家ヘロドトスや医者ヒッポクラテスはイオニア自然学と関わる範囲で言及する。また，ソフィストの名称で活動した知識人は哲学史に含めて扱うが，弁論家のリュシアスやデモステネスは職業的なソフィストと区別して，ここでは扱わない。

これらの限定は今後の哲学史研究の展開を通じて変わり得る，あくまで現時点での枠組みである。

2．ギリシア哲学の時間と空間

次に，「ギリシア哲学」の時間的・空間的範囲を規定する。古代と言っても近現代から見た便宜的な枠組みに過ぎない。古代という時代は通常，中世・近代・現代に先立つ最古期に置かれる。近代哲学は17世紀前半のデカルトから，現代は19世紀末のニーチェやフロイトからとされることが多いが（16世紀から18世紀半ばまでを近世とする見方もある)，それらに先立つ時代が古代・中世であった。

哲学の始まりがいつか，つまりギリシア哲学史の起点をどこに置くかについては，前章で触れたように古代から論争がある。伝統的に前 6 世紀初めに活躍したタレスに「始まり」が帰されてきたのは，アリストテレスが彼を「このような哲学の創始者」と呼んだからである。アリスト

タレス
〔ユニフォトプレス〕

テレスが「このような哲学の」と限定したのは，万物の始源を問い自然の原因を探究した自然哲学の創始者という意味であり，別の観点では，存在論の創始者としてパルメニデスを重視する立場もある。倫理学としては，ソクラテスを最初の哲学者とする説も古代から有力で，キケロは「ソクラテスが初めて哲学を天空から呼び戻し，街々に位置づけ，家々にも導入して，人生や道徳，善や悪について考察するように強いた」と語っていた（『トゥスクルム荘対談集』5.4.10）。「始まり」の問いへの答えが必ずしも一つに収まらない以上，哲学は多元性において捉えられるべきである。

タレスの活動は，彼が日蝕を予測したという前585年5月28日が基準とされ，それがギリシア哲学史開始の象徴となる。ピュタゴラスやパルメニデスやソクラテスを持ち出す場合でも，前5世紀までの範囲である。それに対して古代哲学の終焉は，東ローマ皇帝ユスティニアヌスがアカデメイアをはじめとする異教徒の学校閉鎖令を出した529年に置かれる。この出来事が即時にギリシア哲学を終わらせたわけではないが，すでにキリスト教に圧されて衰退していたギリシア哲学の形式上の終わりを象徴する。紀元後に成立して普及したキリスト教の哲学は，異教の哲学と時期が重なりながらラテン中世の哲学へと発展する。従って，古代哲学は1100年以上にわたって展開され，紀元後2～6世紀には成立過程の中世キリスト教哲学と一部並行していたことになる。

地理的範囲は時期によって大きく異なる。当初はギリシア人が居住して活躍していた東地中海地域であり，初期哲学は小アジア半島のエーゲ海沿岸中部のイオニア地方，その後にイタリア南部とシチリア島を拠点としており，古典期にはギリシア本土のアテナイが中心となる。ギリシア人の活発な植民活動により北アフリカのキュレネ（現在のリビア）や黒海沿岸にまで文化の範囲が及び，それらの地域からも多数のギリシア人哲学者が出ていた。

だが，前334〜前323年に行われたアレクサンドロス大王の東方遠征はギリシア世界を一変させ，ヘレニズム期に東はペルシア，アフガン，インド西部までが一時文化圏となり，エジプトやシリアはヘレニズム文化の中心地となった。ヘレニズム文化圏はやがて西方から勃興したローマに吸収される。ローマ帝国は最終的に地中海の全域を支配し，西ヨーロッパでは現在のフランス，スペイン，イギリスも勢力域とした。古代末期にローマ帝国が分裂していくまでが，ギリシア哲学の範囲をなす。

3．ギリシア哲学の言語と宗教

このように時間的・空間的に広範囲に及ぶ「ギリシア」は，地域や民族というよりむしろ言語や文化上の概念とも言える。実際，ローマ期の哲学者たちにはエジプト出身のプロティノスやシリア出身のイアンブリコスら，出生はギリシアでない外国人も多い。

ギリシア哲学の言語には，初期にはギリシア語のイオニア方言やドーリス方言も用いられたが，古典期からアッティカ方言が標準となった。西アジアや北アフリカまで拡大したヘレニズム期に，文化人はアッティカ方言を共通に用いるようになり，「コイネー」という呼称で知られる共通ギリシア語が普及する。それは，ギリシア語を母語としない人々にも用いられる地中海世界共通の哲学の言語として『新約聖書』にも使用された。ギリシア語自体は，ローマ期にかけて母音の単音化や文法の簡略化など言語変化が進んだが，話し言葉が変わった後も文化人は擬古文であるアッティカ風文体を好み，古典語で書かれた文献が学ばれた。

ローマ人の言語であったラテン語は政治や行政上では帝国の公用語とされたが，文化人が哲学を議論する上ではギリシア語が優先された。エピクテトスの言行録，マルクス・アウレリウスの『自省録』はギリシア語で書かれている。他方で，前1世紀のキケロやルクレティウス以来，ギリシア語で展開された哲学的思索をラテン語に翻訳する努力が重ねられ，古代末期にはギリシア語が堪能ではないアウグスティヌスのような哲学者も登場する。中世への架け橋としてはアリストテレス論理学書のラテン語訳を整備した6世紀のボエティウスが重要であるが，概して，ギリシア哲学においてラテン語著作は従属的な位置にあった。

ギリシアの宗教はゼウス（ローマではユピテル）を主神とする多神教であり，ユダヤ教やキリスト教とは異なり，聖典や教義や教会組織はない。多神教文化に共通する特徴を備え，とりわけエジプト，メソポタミア，トラキアなど他地域で信奉された神々を取り入れてギリシアの神々とする傾向があった。ディオニュソスを信奉するオルフェウス教もそうした東方由来の宗教である。ギリシア神話自体が柔軟な民衆信仰を基盤としており，クセノファネスをはじめとする哲学者はそれを批判的に検討して，後の一神教的見方に道を開いた（第7章の筋⑤参照）。この点でギリシア哲学はユダヤ教，キリスト教，イスラームといった一神教と対立的ではない。『旧約聖書』は前2世紀頃にアレクサンドリアで『七十人訳聖書（セプトゥアギンタ）』に翻訳され，『新約聖書』もコイネー・ギリシア語で書かれている。多くの宗教がギリシア哲学の文化圏で理論化された点は重要である。

古代ギリシアでは宗教は哲学から区別されず，両者の間には世俗化した近代から投影されがちな対立はなかった。イオニア哲学以来「神（神々）」は哲学探究の中心にあり，前5世紀メロスのディアゴラス，前3世紀キュレネのテオドロスら神の存在を否定する無神論者はごく稀(まれ)であった。だが，プロタゴラス，プロディコス，エピクロスらは，宗教色の強くなったローマ期に「無神論者」として批判を受ける（第７章の筋⑤-７参照）。

古代ギリシア哲学からキリスト教の思想を排除するのは，同時代から中世初期にかけてキリスト教を理論化した教父哲学者たちから「異教の哲学」として扱われた歴史の，逆向きからの対応である。

4．ギリシア哲学史の４期区分

古代ギリシア哲学を全体として見るために，４つの時期に区分した上で，各時代の代表的哲学者と特徴を押さえていく。

ギリシア哲学は紀元をはさんで前後それぞれ５世紀以上にわたって展開されており，その間に広範な地域で多様な思索活動があった。それをどのように整理して全体を捉えるかはギリシア哲学史を考察する基盤であり，哲学史家の立場が問われる場面である。本書はギリシア哲学の時期を前半期と後半期に分け，それぞれを２つに分ける４期区分を提案する。前半期と後半期では地理的，政治的，社会的に大きな断絶があり，その中で重要な思想上の転換が認められるからである。まずは時期区分を表で提示する。

【前半期：ポリス社会の哲学】

1　初期ギリシア哲学（旧称「ソクラテス以前」哲学）

＊時期：前６世紀初め（前585年，タレスの日蝕予測）～前５世紀後半
　　　　（但し，ピュタゴラス派や原子論者の活動は前４世紀前半まで）

＊場所：イオニア地方（小アジア半島の西海岸中部，エーゲ海東部）
　　　　イタリア（南イタリア，シチリア島東部）

＊社会：ポリスの多元的社会，先進文明との交流，貨幣経済の浸透

＊代表：タレス，アナクシマンドロス，アナクシメネス，クセノファネス，ヘラクレイトス，ピュタゴラス，パルメニデス，エレアのゼノン，エンペドクレス，アナクサゴラス，原子論者（デモクリトス），ピュタゴラス派（フィロラオス，アルキュタス）

＊関心：自然（始源，宇宙，生成変化，存在）

＊資料：全てが後世の引用や紹介。「断片，証言」集

＊名称：「ソクラテス以前（フォーゾクラティカー Vorsokratiker，プレソクラティック Presocratic）」という呼称が用いられてきたが，ここでは不適切として用いない。ソフィストは古典期に切り離す

＊特徴：哲学の始まり，自然科学の成立，諸子百家的な多様な可能性

2 古典期ギリシア哲学

＊時期：前 5 世紀半ば～前 4 世紀後半（前 322年，アリストテレス死去）

＊場所：アテナイに集う，前 4 世紀には「学校」開設（アカデメイア，リュケイオンなど）

＊社会：ペルシア戦争後，民主政ポリス社会。ペロポネソス戦争，マケドニアの伸長

＊代表：ソフィスト（プロタゴラス，ゴルギアス），ソクラテス，プラトン，ソクラテス派（アンティステネス，アリスティッポス），アリストテレス，アカデメイア派（スペウシッポス，クセノクラテス），シノペのディオゲネス

＊関心：倫理，政治，言語，認識，存在論

＊資料：プラトンとアリストテレスに「著作集」がある。クセノフォンやテオフラストス（一部）の著作が伝承。ソフィスト，ソクラ

テス派などは断片的
＊特徴：古典期の知的文化の一部

【後半期：広域王国・帝国の哲学】

3　ヘレニズム哲学

＊時期：前４世紀末〜前１世紀（前30年，プトレマイオス朝滅亡）
＊場所：ヘレニズム世界（エジプト，シリア，ペルシア，アフガン），中心はアテナイ，アレクサンドリア，アンティオキア，ペルガモン，スミュルナ，ロドスなど
＊社会：ペルシアやエジプトという旧先進地域に拡大，各王国の庇護，多文化
＊代表：エピクロス，ストア派（キティオンのゼノン，クリュシッポス，パナイティオス，ポセイドニオス），アカデメイア懐疑派（アルケシラオス，カルネアデス），ピュロン
＊関心：生き方，自然，文法・論理・文献学（アレクサンドリア図書館が拠点）。自然科学（天文学・生物学・物理学・幾何学・医学）が発展したが（アルキメデス，ユークリッドら）哲学とは隔絶
＊資料：著作はほとんど伝承せず。エピクロスの３通の書簡が例外

4　古代後期哲学

＊時期：前１世紀〜後６世紀前半（529年，ユスティニアヌス帝の異教徒学校閉鎖令）
＊場所：ローマ帝国，中心はアテナイ，ローマ，アレクサンドリアなど
＊社会：共和政から帝国へ，諸宗教の興隆，キリスト教化
＊代表：キケロ*，エピクロス派（フィロデモス，ルクレティウス*），中期プラトン主義（プルタルコス，アプレイウス*），後期スト

ア派（セネカ*，エピクテトス，マルクス・アウレリウス），アリストテレス派（アフロディシアスのアレクサンドロス），懐疑主義（セクストス・エンペイリコス），新プラトン派（プロティノス，ポルフュリオス，イアンブリコス，プロクロス，ダマスキオス，シンプリキオス），キリスト教ギリシア教父（オリゲネス，ニュッサのグレゴリオス），キリスト教ラテン教父（テルトゥリアヌス*，アウグスティヌス*），ボエティウス*

＊関心：生き方，注釈，弁論術，宗教

＊資料：ギリシア語とラテン語（*印）の両方で多くの著作が伝承

この4期区分では，まず前半期と後半期の分岐点をアリストテレスが死去した前322年に置く。これは政治史的には，アリストテレスが家庭教師を務めたマケドニアのアレクサンドロス大王がポリス社会を終焉させて直後に急死し，ヘレニズムの諸王国が展開する時代への変わり目にあたる。アリストテレスのアテナイからの亡命と病死はアレクサンドロス急死に伴う混乱状況で起こったが，象徴的な意味で転換点を示す。哲学の舞台が，それまでのギリシア人ポリス社会の文化からエジプトやシリアを含む多様な地域に広がったからである。その政治・社会体制の変化に応じて，哲学の動向と思想傾向も大きく変化した。

前半期はさらに初期ギリシア哲学とアテナイの古典哲学に二分される。この区分は主に地理的・政治社会的な観点からの歴史区分であるが，従来の哲学史で必ずしも広く採用されたものではない。本書が資料集として参照するDKとLMも，ソフィスト思潮までを初期哲学（ソクラテス以前哲学）としているので，その点には注意が必要である。この区分によって従来の哲学史が直面した3つの問題点が解消する。第1

に，ソフィストを彼らの活躍の舞台であるアテナイの哲学に位置づけることで，自然により強い関心を寄せる初期哲学と明確に区別できる。第２に，ソクラテスと同時代やより若い哲学者たち（デモクリトス，アルキュタスら）を初期哲学に分類する理由を，年代の先後ではなく地理的に説明できる。第３に，これら２つの時期の関心や哲学形式が大きく異なる原因を政治的・社会的・文化的背景に求められる。この場合，ソクラテス一人が時代の転換点をなすわけではなく，この時代にアテナイで活躍した人々が総体として重要な役割を果たしていたことが分かる。

第１の時期は，19世紀以来「ソクラテス以前」という名で呼ばれてきたが，近年その不正確さが強く認識され，英米圏を中心に「初期ギリシア」という中立的な表現が優先されている。ほぼ２世紀にわたる初期ギリシア哲学の中でも，前５世紀初めのパルメニデスの登場を大きな転機とする見方が有力である。存在論，形而上学の導入により，それ以前の素朴な自然学に対して一元論と多元論をとる本格的な自然哲学へという変化が，パルメニデスをきっかけに生じたからである。本書ではまた，イオニアとイタリアという地理的な区分も重視する。このように，時代区分と同時に地理区分を基本とすることで「初期ギリシア哲学」という新たな枠組みが成立する。

初期哲学者の一部は年代的には古典期に重なる。原子論者デモクリトスはソクラテスよりも少し若く前４世紀初めまで活動したが，アブデラ出身でイオニア自然学の系譜にあった。また，ピュタゴラス派のアルキュタスはプラトンと同時代で，前４世紀半ばまで南イタリアのタラスで活躍していた。年代的には古典期にあたるこれらの哲学者も，探究と活動の連続性から初期に含める。

ここで，古典期を前５世紀初頭のペルシア戦争後に設定し，民主政が進み文化的に興隆を迎えるアテナイを中心に検討することは，従来の

「ソクラテス以前」という考え方に大きな転換をもたらす。概して「自然から人間へ」とされる哲学関心の変化を前 5 世紀のアテナイで起こった事態と見なすことで，プロタゴラスやゴルギアスらのソフィストを古典期という新たな時代の代表に据えることになるからである。そこではソクラテスはその思潮の一員に過ぎず，「ソフィスト 対 哲学者」という峻別が後の時代，つまりソクラテス死後のプラトンらによる整理図式であることが確認される。

1 世紀半ほど続く古典期はその間に大きな変化を経たが，さらに 3 期に小区別する必要がある。ソフィストとソクラテスが活躍した前 5 世紀後半を第 1 期「ソフィスト思潮」とし，プラトンを含むソクラテスの弟子が中心となった前 4 世紀前半を第 2 期「ソクラテス文学」，そしてプラトンの学園アカデメイアが拠点となった前 4 世紀中後半を第 3 期「アカデメイア」で特徴づける。古典期の終わりは，マケドニアの完全支配とポリス社会の終焉という出来事で区切られる。古典期を 3 つに区分することで，突出して扱われてきた 3 人の巨人が適切な文脈に置かれる。ソクラテスはソフィスト思潮の一端を担い，プラトンはソクラテス文学の著者の一人であり，アリストテレスはアカデメイアで哲学を展開した一員であった。彼らは決して孤立した天才ではなく，同時代の哲学者たちとの関係でのみ理解される。

ギリシア哲学史後半期にあたるヘレニズム期と古代後期は，さしあたりはローマの地中海支配という政治史上の出来事で区切られるが，ギリシア語からラテン語の世界へ，キリスト教の成立といった転換とともに，資料がほとんど伝承されなかったヘレニズム哲学と数多くの著作が伝わるローマ時代という違いもある。

古典期との連続性で言えば，ヘレニズム哲学は前 4 世紀の諸ソクラテス派の影響を強く継承しており，「犬」と呼ばれてキュニコス（犬儒）

派の祖とされたシノペのディオゲネスはアリストテレスと同世代で，彼に先立つ前 323年に死去していた。アカデメイアやリュケイオンでの哲学は古典期からヘレニズム期にわたって展開された。

後半期の特徴はポリス社会に基盤をおく公共的な政治志向が後退し，広い帝国における個人の心の平静に関心が集中した点である。その前半をなすヘレニズム哲学では，エピクロス派とストア派と懐疑派が三つ巴(どもえ)の対立にあり，論争を通じて哲学を発展させていた。プラトンやアリストテレスの超越的哲学とは異なり，ヘレニズム哲学は物体主義の立場をとったが，それらの学園は人々に生き方の選択肢を提供していた。

ヘレニズム諸王国の終焉とともにローマの支配下に入った地中海世界では，中期プラトン主義，新ピュタゴラス主義で宗教哲学的側面が強くなり，キリスト教の影響が広がる古代後期哲学となる。プラトンとアリストテレスが復活して権威として注解と体系化の対象となり，とりわけ新プラトン主義が代表となる。次第に教父たちがキリスト教を理論化する時期であり，中世哲学との境界は明確ではない。異教の哲学が公式に追放された後 529年を象徴として古代哲学は終焉する。

5. ギリシア哲学の資料

古代ギリシアの哲学者たちが著した書物は，ごく一部を除いて今日まで伝わっていない。朗唱し議論する口誦(こうしょう)の活動を中心にして，書物を書かなかった哲学者もいる。また，当時は流布した書物が時代とともに廃れて，物理的になくなってしまったことも多い。パピュロスの巻物に書かれた書物は，書写され流布することで，その書写を繰り返してようやく長い期間に存続するからである。パピュロス巻物が羊皮紙などの冊子本に写されたのは紀元後のことであるが，そこからさらに10世紀ほどを経てようやく今日に現存する中世写本の世界となる。

初期からヘレニズム期までのギリシアでは，「プラトン著作集」（対話篇）と「アリストテレス著作集」（講義録）が中世写本を通じてほぼ完全に今日まで伝承され，クセノフォンの全著作とテオフラストスの一部の著作が残された。だが，それ以外のほぼ全ての著作は失われてしまい，ローマ期に書かれた著作に至って，ようやく写本が増えて完全な形で読むことが可能になる。

古代のパピュロス巻物は，再利用されたり遺棄されたりして偶然に残った部分から，記載された著作の一部が読解されることがある。その発見で最大の成果は，アリストテレスの論考『アテナイ人の国制』で，長らく失われていたその著作はエジプトで出土したパピュロスに書かれた形で19世紀末に発見されて再び読まれるようになった。

だが，著作が残っていない哲学者の言説と思想は，全て後世の文献での引用や紹介でのみ伝えられた。それらは現代では「断片集・証言集」という形で編集され，研究の基本文献となっている。初期ギリシア哲学については，以前にはディールスとクランツが編集した『ソクラテス以前哲学者断片集』（DK，1903年初版）が用いられ，そこでのA（生涯や学説の証言）とB（著作断片）の番号で参照されてきた。だが，2016年に全９巻で公刊されたラクスとモスト編『初期ギリシア哲学』（LM）が新たな方針で資料を整理して，今後はそれが基本文献となる。古典期とそれ以後については，個別の学派や哲学者ごとに資料集が編集されており，それらを使いこなす文献学の知見と訓練がギリシア哲学研究には必要となる。

6．複眼的哲学史の試み

ここで再び「始まり」の問題に戻って，それが複数あり多元的であるとはどのようなことかを考えたい。哲学史家はそれぞれ自身の「始まり」を据えてそこからギリシア哲学史の叙述を開始する。タレスやアナクシマンドロスやピュタゴラスやパルメニデスやソクラテスら，哲学の創始者に挙げられた哲学者は少なくない。だが，複数の候補を俯瞰（ふかん）してそのうちのどれが正しいかを一義的に決めることは困難で，その確定に意味があるかどうかには疑問がある。哲学史が「始まり」から一つの流れを辿（たど）る叙述であるとしたら，異なる始まりを採用することで別の像が描かれるはずである。

複数の始まりが措定され，それに応じて多様な哲学史が描かれることは，混乱や不統一として退けられるべきではなく，むしろ哲学史の可能性を広げ，より豊かな見方を可能にするのではないか。哲学の営みが大きな流れであったとしても，それが異なる角度から別様に捉えられるという利点もある。人類全体の哲学に対しても，その総体を一筋の線で把握することができなくとも，それに様々な角度から接近する「世界哲学史」が可能なはずである。そのような複眼的な方法がギリシア哲学史で追求される。

「始まり」をめぐる複数の見解から始めて複眼的に哲学史を見ていくことは，一体何を意味するのか。第１章で論じたように，始まりをどこに設定するかは，そこから始まる一つの全体を規定することになり，従って，始まりをずらすことは別の全体を見渡す試みとなる。異なる始まりと流れを辿ることで，そこで別の哲学者や学説が新たに脚光を浴びたり，同じ哲学者や学説が以前とはまったく異なった相貌で姿を現したりする。つまり，哲学史に登場する人物や言説は布置を変えることで新たな全体を，多層的に見せてくれるはずである。多様な視点からなる一つの目，複眼こそが，ギリシア哲学の可能性を最大限に引き出す哲学史ではないか。

複眼的なギリシア哲学史の試みには，２つの作業を行う必要がある。

第１に，可能な哲学史の流れ，複数の筋を立てることである。「筋」とは何人かの哲学者たちを辿ってそこに共通する問題，対抗する思索，共同作業を全体像として描くことである。そこには「始まり」と見なされる哲学者がおり，その問題提起に応答して思索を展開した人々が続く。ディオゲネス・ラエルティオスが『哲学者列伝』で用いた「学統誌」ではなく（師弟関係を設定することは無理が多い），むしろグループ，あるいはパラダイムの設定である。それは哲学者や思想という素材に光をあてて仮説を立てることであり，仮説の有効性はそれによって見えてくる哲学史の姿によって検証される。

第２に，この作業はその素材となる哲学者や著作や思索の個別的で徹底した研究と合わせてはじめて十全な哲学史となる。古代ギリシアの哲学者や著作については，近年も詳細な研究が格段に進んでおり，仔(し)細さでは全体像が摑(つか)みにくいほどである。それらの成果をできるだけ考慮に入れつつ，個々の思索と歴史的な文脈を見失われないように精緻な文献学的，歴史的作業が必要となる（拙著『ギリシア哲学史』参照）。

以下では「複眼的哲学史」のために10の筋を立て，それぞれ10の立場を検討する。それらは，次の通りである。

1．世界観の提示	2．善く生きる知恵	3．万物の原理
4．スタイルの葛藤	5．神と人間の緊張	6．魂への配慮
7．「ある」をめぐる形而上学	8．言論と説得	9．知の可能性
10．真理探究の学問		

#まとめてみよう！　ギリシア哲学の背景と資料

世界史で学んだ古代ギリシア・ローマの政治や社会の状況と，4期の哲学がどのように対応するか，それらの哲学にはどのような背景があるのかを考えてみよう。また，古代哲学の資料について概要を知っておこう。

参考文献

納富信留『ギリシア哲学史』，筑摩書房，2021年

内山勝利編『哲学の歴史〈第1巻〉哲学誕生 —古代1』，『哲学の歴史〈第2巻〉帝国と賢者 —古代2』，中央公論新社，2008年

神崎繁，熊野純彦，鈴木泉編『西洋哲学史Ⅰ —「ある」の衝撃からはじまる』，『西洋哲学史Ⅱ —「知」の変貌・「信」の階梯』，講談社選書メチエ，2011年

D.セドレー編著『古代ギリシア・ローマの哲学 —ケンブリッジ・コンパニオン』，内山勝利監訳，京都大学学術出版会，2009年（原著，2003年）

W. K. C. Guthrie, A History of Greek Philosophy Ⅰ〜Ⅵ, Cambridge : Cambridge University Press, 1962-1981

L.D.レイノルズ，N.G.ウィルソン『古典の継承者たち —ギリシア・ラテン語テクストの伝承にみる文化史』，西村賀子，吉武純夫訳，国文社，1996年（原著，1991年）

葛西康徳，ヴァネッサ・カッツァート編『古典の挑戦 —古代ギリシア・ローマ研究ナビ』，知泉書館，2021年

明星聖子，納富信留編『テクストとは何か —編集文献学入門』，慶應義塾大学出版会，2015年

3　哲学史の筋 ①：世界観の提示

《世界への問い》　私たちが生きる「世界」はどうなっているのか？

人間が抱き続けた世界への驚きは，神話や叙事詩の形で物語られてきた。神々や未知の生き物たちからなる世界は，言論を通じて合理的に説明される世界へと変わり，宇宙の秩序や成り立ちが提示される。具体的に提起されたのは，宇宙が有限か無限か，永遠か生成したか，さらに大地（地球）はそこにどう位置するのかといった問いであった。理性と想像力によって描き出された多様なあり方は，後世にモデルとなる世界観を提供する。

1．世界を物語る：ホメロス，ヘシオドス

人間は言語を手に入れ思考し始めてから，この世界と人生について常に根本的な疑問と関心を抱いてきた。私たちが生きている世界は一体どのように成り立っているのか。古代社会でその疑問に答えたのは，神々に関わる儀礼を司った祭司たちであり，また人々に語りかける知恵文学の作者や詩人たちであった。最古のメソポタミア文明では『ギルガメシュ叙事詩』や『旧約聖書』が成立して，そういった世界のあり方について知恵を伝えていた。古代ギリシアでは前700年頃に活躍した2人の詩人，ホメロスとヘシオドスが作った六脚韻の叙事詩が，後世に歌い継がれた。

ホメロスの『イリアス』はトロイア戦争の最終年に英雄たちが戦う様子を壮大なスケールで歌い，『オデュッセイア』は戦争後に帰還する英雄オデュッセウスの苦労を主題とする。それらの英雄叙事詩は，ゼウス

を中心とする神々の支配を背景に，死すべき人間たちの運命と雄姿を描き，宗教と倫理のあり方を示す。ホメロスは折に触れて，神々が住まう天空，地下深くにあるタルタロスや大地を取り囲むオケアノス（大洋）について語っている。オケアノスは万物の生みの親とされたが，そういった見方はギリシア人にとって権威となっていた。また，ヘシオドスは『神統記』で神々の系譜と人間の登場を歌うが，そこで示されたのはオリュンポスの神々による秩序であり，とりわけゼウスによる正義が私たちの生きる世界を統御しているあり方であった。

彼らの後には，タレスと同時代の知者ペレキュデスが『七つの深穴』または『神々の混合』と題する散文の神統記を著した。彼は「ザス（ゼウス），クロノス（時間），クトニエ（大地）」という常に存在した原理から自然界が生まれた様を，結婚や出産として語った。結婚による世界の創生はメソポタミアの神話でも確認される古代の一般的表象であるが，そこで語られた宇宙論は哲学的な説明の先駆けと見なされる。

こうして詩人たちの言葉は人間の知識を超える過去や世界のあり方を伝えた。それは神話（ミュートス）と呼ばれ，秩序だった説明として人々に世界と人生のあり方を提示していた。

2．世界を説明する：タレス

アリストテレスが「哲学の創始者」と呼んだタレスは，イオニア地方の中心ポリス・ミレトスの出身で，エジプトで天文学や幾何学を学び新たな思考を始めた。それは，ゼウスなどの神の力に訴えることなく世界のあり方を説明する自然の探究であった。タレスが著作を書いたかは不明であるが，彼の考えは学説の形で後世に伝えられていた。

タレスは万物の始源について「水だ」と語ったという。その意味は筋③-１で論じるとして，主な理由は「大地が水の上にある」という主張にあったという。木材が水の上に浮いているように，私たちが住む大地も水の上に留まっているという説明である。この世界の見方は，例えば，時折生じる地震の原因を説明する効力をもっていた。

大地が水の上にあるという理論は現代人からは突拍子もない説にみえるが，エジプトやメソポタミアなどの古代文明でも類似の世界像が見られる。また，ホメロスが示した世界観でも，大地はオケアノスに取り囲まれ大地の下にも大河が流れているとされ，タレスに独自の見解ではなかった。だが，タレスがそれら先行例と異なるのは，水の上にある大地という姿を単に提示するのではなく，より合理的な説明を与えた点である。水の上に大地が留まることを木材との類比で浮力として説明していたとしたら，それは科学的思考の萌芽（ほうが）と見なされる。

また，タレスの説明には「万物を養うのが水気のあるものであり，熱そのものもそれから生じ，生き物はこれ［水，または熱］によって生きている」とあったという。タレスは大地のあり方やその上で展開する自然物の変化，そして生物の活動を「水」の働きとして説明しようとしたのである。

3．宇宙の中心にある地球：アナクシマンドロス

タレスと同郷のミレトス出身で後輩にあたるアナクシマンドロスは，自身の理論の中心となる「無限（アペイロン）」という概念を用いて世界のあり方を説明した。この宇宙は有限な空間であるが，それは外にある「無限」という物に取り囲まれている。宇宙の中に入ってきた「無限」は，火や空気や水や土という形をとって相互に変転してこの世界の自然変化を形作る（筋③- 2 参照）。

では，私たちが生きるこの大地（ゲー）はどうなっているのか。アナクシマンドロスは，球をなす限界のうちにある宇宙の中で，大地はその

中心にあって浮いていると説明した。その理由は，大地が宇宙の縁のどこからも等距離にあるため，どこにも落ちようがないからである。つまり，大地は球形の宇宙の真ん中に位置するために留まっているのである。古代の通常の世界観では大地は平たく，その深部にはタルタロスがあるとされたが，大地の下方がどうなっているかについて合理的な説明はなかった。少し後の詩人哲学者クセノファネスが大地は平らで下方は無限に続いていると語ったが，それはアナクシマンドロスの説への対抗を意図し，古い世界観を繰り返すものであった。

アナクシマンドロス
〔ユニフォトプレス〕

宇宙の中心に位置する地球の形について，アナクシマンドロスは表と裏が平面となっている円柱形であると考えていた。私たちが住む大地の裏面に正反対の平らな大地があり，そこにも生き物がいるのである。平面の直径と円柱の高さは3対1の比率にあった（サバの缶詰のような形）。宇宙の中心で落下せず，何にも支えられずに宙空に浮いている大地という発想は，単に斬新であるだけでなく私たちの基本的な生活感覚を超えた理論であったが，そこには「上，下」という概念が相対的だという考察も含まれている。つまり，私たちの立つ地面と反対にある平面の住人にとって「上」とは，私たちから見て「下」であるが，それらは宇宙の中心との関係で決まるのである。こうして，アナクシマンドロスは宇宙とそこにある地球のあり方を合理的に示すことで，自然科学の礎を築いた。彼はまた，大地の地図を最初に作成した人物ともされる。

アナクシマンドロスはさらに，宇宙の中で太陽や月や星のあり方について，それらの位置関係を数比で示したという。地球から星，月，太陽までの距離は，地球の直径に比して 9：18：27 にあり，太陽が宇宙で一番外側に位置する。太陽は地球のような天体ではなく，宇宙の外周にある火の環の穴である「ふいごの筒口」から漏れる光で，その大きさは地球の大きさと同じである。太陽の周天軌道は地球の大きさの 28 倍であり，月の軌道は地球の大きさの 19 倍にあたる。こうした数字の算定根拠ははっきりせず，現代から見るとまったくの誤りであるが，天界の秩序を数学的な比率で説明する理論はギリシア哲学で発展し，とりわけピュタゴラス派からプラトン・アリストテレスの宇宙論に受け継がれる。

アナクシマンドロスは，この世界の成り立ちを自然の変化として説明した。原初は湿り気でできていた世界は太陽によって大半が干上がって大地となり，その残滓（ざんし）が海となった。熱せられた水と土から魚のような生物が生まれ，生物は湿った場所から乾いた場所へと移り住んだ。ここで説明が与えられた人間や生物の進化については，後にクセノファネスやエンペドクレスが考察を進める。

4．宇宙の調和：ピュタゴラス，フィロラオス

私たちが生きる世界とそこにあるもの全ては「万物（ト・パーン）」と呼ばれてきたが，それは単に雑然と存在する事物の総体ではなく，何かしらの原理によって美しく調和する一つの全体である。そのような世界のあり方を「宇宙（コスモス）」という言葉で呼んだのは，ピュタゴラスが最初だと言われる。「コスモス」という単語は「飾り」や「秩序」を意味し，秩序づけられて成り立った万物が宇宙である。

ピュタゴラスは宇宙が数によって成り立つと考えたが，それは秩序が数の間の関係，つまり数比や均整だったからであろう。彼の学派の理論

家たち，とりわけ前５世紀後半にクロトン出身でテーバイで活躍したフィロラオスは，「限定と無限」から調和（ハルモニアー）が成立すると考えた。フィロラオスの著作の冒頭には，「宇宙秩序における自然は，無限のものと限定するものとから調和された。宇宙秩序の全体とそのうちにある全てのものが」という言葉があった（DK 44 B1＝LM PHILOL. D2）。そして，宇宙が数の秩序で成り立っている以上，それは知性によって認識される。

ピュタゴラスの教えを受け継いだピュタゴラス派は天体の秩序を数の原理から考え，宇宙では諸天体が「かまど」と呼ばれる火を中心にして同心円的に回転しており，地球もその周りを公転する天体であると考えた。地球を宇宙の中心に置く当時の常識からは大きく外れる特殊な理論である。太陽，月，地球，水星，金星，火星，木星，土星，恒星という９つの動きに加えて，完全数 10 になるために「対地星」という天体を想定し，常に地球とは反対にあるために見えることがないと説明した。

5．宇宙の円環変化：エンペドクレス

シチリア島アクラガスの出身で，前５世紀半ばに活躍したエンペドクレスは，時間を通じた宇宙の変化を円環的に描いた。万物は「火，空気，水，土」という不滅の基本物体（四根）からできていて，それらが「愛」による結合と「争い」による分離を通じて全体として姿を変えていく。円環的変化は二重の生成の過程として４段階をなす。

第１段階は愛によって一体化した状態で，四根の区別が消えて完全な球体となっている。続く第２段階は争いが次第に優位を占める過程で，球体の内部に動きが生じる。一体化していた四根が次第に分かれて空や大地や海が作られる。私たちが生きている時代は，争いが力を増すこの段階にあたる。続く第３段階は争いが完全な優位となり，四根が分離し

それぞれ同類が集結して，外側から火，空気，水，土という層をなす。この期間は争いが宇宙の内部に浸透していて，逆に愛は球層の外縁部に追いやられている。第 4 段階は愛が再び力を取り戻して中心に戻り，分断されていた四根が混合していく過程で，その途上で誕生する死すべき種族の様々な姿が描かれる。そうして愛が完全に優位になった混合の極致で，再び第 1 段階の球体となる。こうした変化が円環的に繰り返され，宇宙は永久に生成変化のうちにある。

世界の円環的変化は，例えばヘラクレイトスの世界観とも共通する。ヘラクレイトスは，秩序だって変化を遂行する万物には「偉大な年」があり，10800年ごとに「エクピュローシス」と呼ばれる世界の燃え上がりと，全てが水に帰す洪水が円環的に繰り返されるとした。彼らは世界がある時点で神によって創造された，あるいは他の仕方で生成したという想定はとっていない。永久に続く無限の時間において，生成変化が規則正しく繰り返されると考えたのである。

6. 混沌から秩序へ：アナクサゴラス

クラゾメナイ出身でエンペドクレスと同時代に活躍し，ペリクレス政権下のアテナイに滞在した自然学者アナクサゴラスは，宇宙の生成と秩序づけを時間的な推移として論じた。

アナクサゴラスの著作の冒頭には「物は全て一緒であった」(DK 59 B1＝LM ANAXAG. D9)とあった。原初にはあらゆる事物が混ざり合っていて判別できない一つの状態をなしていた。それは神話で「混沌（カオス)」と呼ばれる状態である。だが，すっかり混合している事物にもその中には無限に小さい部分に至るまで全ての事物が入っており，それらは分離によって特定の事物がより多く集まる状態になると，顕著になった事物のあり方をする。混沌の状態は，万物とは混じらずに宇宙にあった「知性（ヌース）」によって動かされることで渦巻きの運動変化を起こし，軽いものが外側へと弾き飛ばされて事物の秩序が形作られ，この宇宙になってきた。

アナクサゴラスが基本的な存在者として立てたのは「湿と乾，熱と冷，明と暗」などの反対の性質と，生命の構造をもたらす「種子」であった。諸々の事物はそれらが混じり合って一定の比率によって出来上がるのであり，中身の比率が変わることで別のものに変化する。ただし，生物は他の事物とは異なり「知性」を多少なりとも分かち持っていて，他のものを認識するとともに事物を動かして変化させられる。私たち人間が生きているのは，そうして混沌から生成してきた秩序ある宇宙なのである。

7. 原子の離合集散：デモクリトス，エピクロス

時間を通じた円環的な変転（エンペドクレス）と原初状態からの生成（アナクサゴラス）という2つのパターンとは別に，無限の時間に無限の変化を繰り広げる世界を考えたのが原子論者である。原子論は，前5世紀前半にレウキッポスが始めて，同世紀後半に活躍したアブデラ出身のデモクリトスが体系化した。彼らの初期原子論は大胆な発想と少数の原理からなる一貫した説明でアリストテレスにも評価されたが，サモス出身でアテナイで「庭園」と呼ばれる学校を開いたエピクロスが，前4～前3世紀にいくつかの基本的な点でその理論を修正して古代原子論を完成させた。

原子論の世界は，不可分の「充実体」と，それらを隔てて動き回る場となる「空虚」のみが存在する。充実体は「もの」とも「不可分（アトモス）」とも呼ばれたが（以下「原子」と呼ぶ），形と大きさと重さ以外の一切の性質はもたない。無数の種類の大きさと形をもつそれぞれ異

なった原子は，物理的にそれ以上は分割できない最小の存在者で，それらが集合して一定の大きさになると私たちにも見える事物となる。原子は無限の空間において数の上では無限個ある。

原子は形状と配列と向きでのみ多様な差異が生じる。字母（基本要素，ストイケイア）の比喩では，A と N は形状で異なり，AN と NA は配列で，Z と N は向きで差異がある。字母にあたる原子が構成するシラブルが事物にあたる。例えば INA と NAI は同じ原子から成る異なる単語である。原子から合成された事物が目に見える大きさになると，私たちが感覚する世界となる。

そうして離合集散を繰り返す原子は，特定の目的や企図によって動かされるものではなく，運動の法則に従って動いている。原子の運動については，初期のデモクリトスとヘレニズム期のエピクロスでは見方に違いがある。デモクリトスは原子に渦巻きなどのランダムな動きを想定して，それらの離合集散は偶然によると考えていた。それに対してエピクロスは次のように考えた。原初の基本運動は落下であり，全ての原子が落下していると平行に移動するため衝突は発生しない。だが，時折原子が「逸れ」と呼ばれる傾斜の運動を起こすため，そこで別の原子とぶつかってさらに多くの原子とぶつかりながら連なって大きな物体を形成していく。エピクロスとそれ以前では原子の振る舞いについてそのように想定に違いがあったが，どちらの場合でも世界に意図や目的は存在せず，その限りで全ては偶然によって起こる事態に過ぎない。

空間は無限に広がっているが，そこでは無限の種類で無限個の原子が空虚の中を動き回っている。それらが集まってまとまりをなすと一つの「宇宙」になるが（私たちの太陽系や，他の銀河），それらは無限個あって空間に点在する。無限の仕方で変化する無限個の原子は，無限の時間の中で結合と分離を繰り返すことでいつか再び同じ状態になることが予想され，そうして永劫回帰する唯物的な世界観が成立する。

8．最善の宇宙制作：プラトン

原子論の偶然的な宇宙論を意識しつつ，それと反対の宇宙論を提示したのがプラトンである。前4世紀前半にアテナイで活躍したプラトンは，タレスからアナクサゴラスやデモクリトスに至る初期哲学のイオニア的自然探究とは一線を画する総合的な哲学を展開した。プラトンは前387年頃に設立した学園アカデメイアで仲間たちと哲学の共同探究に従事したが，著作としてはソクラテスを登場人物とする「対話篇」だけを著し，自身の哲学説を直接に論じることはなかった。

『パイドン』では，登場人物のソクラテスが生成消滅と存在の原因を論じ，アナクサゴラスの「知性（ヌース）」にこの宇宙を最善なものとして秩序づけているという説明を期待したが，アナクサゴラスの説明自体は不十分で失望したと語る。ソクラテスが若い日に自然の探究で挫折したという経験談を通じて，宇宙のあり方をどう説明すべきかの方向を示した議論であるが，期待された説明は後期対話篇『ティマイオス』で，ロクリスからの訪問者・ティマイオスがソクラテスらに語る形で本格的に論じられる。

『ティマイオス』では，宇宙は「生成した」という始点から考察が始まる。デーミウールゴス（制作神）は生き物のイデアを見ながら，それをモデルとする像として宇宙を制作した。神は惜しみなく宇宙を最善のものに設（しつら）えたが，生き物としての宇宙は，「火，空気，水，土」の4つの基本物体が数学的比例で結合された身体に「ある，同，異」の比率に従った混合からなる魂が宿ることで成立した。宇宙は完結した唯一の統一体で，球体である。宇宙は時間において始まったとされたが，それはイデアの像として作られたという性格から，永遠を模倣した像が「時間」だからである。

宇宙の素材をなす4基本物体は，どんな性質も帯びない「場（コーラー）」にイデアの似像が映されることで存在するが，それらは2種類の三角形から構成される4種類の正多面体とされる。正三角形の半分の直角三角形を基本とする正四面体（火），正八面体（空気），正二十面体（水）の間では相互の変換が生じるが，直角二等辺三角形の組み合わせからなる正六面体（土）は他のものに変化しない。そうして数学的に構成された原子論が，最善を実現するという目的論的な宇宙論に組み込まれている。

プラトンが『ティマイオス』で説明したデーミウールゴスによる宇宙制作には，学園アカデメイアで解釈をめぐる活発な論争が起こった。学園の後継者となるスペウシッポスやクセノクラテスは，宇宙が「生成した」という記述はいわば教育の便宜のための比喩であり，宇宙は永久に存在していて，ある時点に生まれたわけではないと解釈した。それに対してアリストテレスは，プラトンの説明を文字通りに受け取って「宇宙は生成した」，つまりある時点に成立したがその後は永久に運動し続けるという学説と見なした上で，その学説を批判して，宇宙は始まりも終わりもない永久の運動変化を続けていると考えた。

こうして論じられたプラトンの宇宙論は，古代のプラトン主義者の間で受け継がれ，後3世紀のプロティノスが始めた新プラトン主義の体系に位置づけられていく。

9．自然の世界とその根拠：アリストテレス

マケドニア支配下のスタゲイラに生まれて17歳でアカデメイアに入門したアリストテレスは，プラトンの没後，遍歴時代を経てアテナイに学園リュケイオンを創設して哲学と科学の研究にあたる。そこでの主要

関心は自然学におかれ，天体論・気象論から生物学まで広範囲の考察と議論が展開された。

アリストテレスはまず，私たちが生きる世界では全てが時間と空間の中で運動変化している「自然物」であると捉える。どれほど変わりなく継続しているように見える事物でも長い時間に少しずつ変化しており，質や量で変化していなくても場所を動かす移動を行っている。アリストテレスは，それら運動変化する自然物を動かし静止させる原因を「自然（フュシス）」と呼んだ。そうして自然物の秩序を，宇宙の全体の構造から微小な基本物体の生成消滅まで考察した全体が「自然学（フュシカ）」であった。

宇宙は有限の空間でその果てには天体（恒星）があって，永久に円環運動を続けている。天体が動く最上層にはアイテールという第5の基本物体があるが，月より下の層には大気があって気象現象が起こっている。地球は宇宙の中心にあるが，土が集まる下方が宇宙の中心であり，その外に水，空気の層，上方に火というように自然物の本来の場所が分かれている。

全ての事物の素材となっている4つの基本物体の間にも相互の変化を認め，「火が空気になる」「土が水になる」といった変化の循環があると考えた。4基本物体はそれぞれ「熱い・冷たい ／ 乾いた・湿った」という性質対の組み合わせから成っていて，対の一方が反対者に変化し，もう一方は基体として留まる役割を果たす。例えば火（熱い・乾いた）が空気（熱い・湿った）に変化する際に「熱い」が基体として留まりながら「乾いた」が反対の「湿った」に変わるという具合である。これはエンペドクレスやプラトンの学説への批判であった。エンペドクレスは「火，空気，水，土」の四根自体は永久に不変の存在者であり，世界の変化はそれらの結合と分離に過ぎないと考えた。また，プラトンは

『ティマイオス』で４つの単純物体について，「水，空気，火」の間に相互の生成変化を認めたが「土」だけは他に変換しないと考えたからである。アリストテレスは両者との違いを明確に意識して，この世界では４つの基本物体が相互に生成変化するという理論を打ち立てたのである。

自然の世界で中心的な存在は，運動変化する原理（魂）を自らのうちにもつ生き物であり，世界は生命で満ち溢れている。だが，それらの生命の活動を現実化する原理は個々の生き物とは別にあり，宇宙全体の運動を現実化する原理も宇宙の外にあるはずである。すなわち，自らは運動変化することなく万物を運動変化させる「不動の動者」が，自然物の総体である宇宙の外にあり，それが万物を統括して運動に向かわせる「神」なのである。アリストテレスはこうして，自然という世界の多層的な全体と，それを超える形而上学（メタ・フュシカ）の原理を示すことで，古代ギリシアで最も完全な世界観を打ち立てたのである。

10．宇宙とロゴスと神：ストア派

前３世紀にキティオンのゼノンが開始したストア派は，プラトンの「イデア」のような非感覚的事物の存在を認めず，全てが働きかけ働きかけられる物体からなる宇宙の総体を考えた。その世界観の特徴は，個々の事物や事象が独立にあるのではなく，それらが有機的に結びついた全体をなしているとした点である。世界は「ロゴス」によって統一された「自然」であり，「神」とも呼ばれる。

ストア派の世界観で「自然」とはプネウマが充満した宇宙であるが，そこに存在する物体は混合によって一つに結びついている。宇宙を変化させるロゴスとは「創造的な火」であり，プネウマ（気息）は火と空気からなる合成体である。プネウマは宇宙にあまねく行き渡って事物を相互に結合するが，部分ごとの緊張と混合の違いによって個別的な違いを生み出す。

自然の事物が因果的な法則によって相互に結合している様は，論理的な関係で表されるロゴスである。だが，原因と結果の関係がロゴスによって決定されている以上，全ては完全に決定されているという決定論になる。それは，神の視点から見れば摂理によって決定されていることを意味する。理性をもつ人間は，その自然のあり方を理解してそれに従うことにおいてのみ自由でありえる。こうして自然という全体の秩序に人間のあり方を位置づける総合的な視点が，ストア派哲学が提示する世界観であった。

#まとめてみよう！　世界のあり方をめぐる対立点

古代哲学の最大の関心事であった「宇宙」について，その特徴をめぐる基本的な対立点を整理しよう。それぞれの立場にどのような論拠が与えられたか，相互にどのような批判が加えられ応答されたかを調べてみよう。空間の無限と有限，時間の無限と有限，生成と永久存続，目的論と偶然，さらに地球の位置やあり方などが対立の軸となる。

参考文献

ホメロス『イリアス』全２巻，松平千秋訳，岩波文庫，1992年；全３巻，呉茂一訳，岩波文庫，1953-1958年

ホメロス『オデュッセイア』全２巻，松平千秋訳，岩波文庫，1994年；全２巻，呉茂一訳，岩波文庫，1971-1972年

ヘシオドス『全作品』，中務哲郎訳，京都大学学術出版会，2013年

廣川洋一『ヘシオドス研究序説 ―ギリシア思想の生誕』，未来社，1975年

西川亮『古代ギリシアの原子論』，溪水社，1995年

プラトン『ティマイオス』，種山恭子訳，岩波書店「プラトン全集12」，1975年

アリストテレス『生成と消滅について』，金山弥平訳，岩波書店「アリストテレス全集５」，2013年

アリストテレス『天界について』，山田道夫訳，岩波書店「アリストテレス全集５」，2013年

A. A. ロング『ヘレニズム哲学 ―ストア派，エピクロス派，懐疑派』，金山弥平訳，京都大学学術出版会，2003年（原著，1974年）

4　哲学史の筋②：善く生きる知恵

《生き方への問い》　私たちはどのように善く生きられるのか？

私たち人間は，ただ生きるのではなく善く生きることを大事にしなければならない。そのためにどんな方途があり何の知恵が必要かを，哲学者たちは異なる立場から対抗的に提示してきた。運命に振り回され変転する人生において，幸福を享受することはどのように可能なのか。徳という優れたあり方は何に基づいて得られるのか。古代ギリシアの哲学者は，生き方について徹底して考え，倫理学を打ち立てた。

1．生きる知恵：七賢人

古代社会において生き方をめぐる知を伝えるのは詩人の役割であり，ホメロスとヘシオドスはギリシア人の教師と見なされていた。彼らの叙事詩は社会に共有され，神々や英雄の生き方や言説を通じて，戦争や政治や社会や倫理や技術など，あらゆる方面の知恵に権威的な役割を果たしていた。

前6世紀にはまた，「七賢人」と呼ばれる知者たちが叡智の代表とされた。「7」という数字にかけた知者の集団は古代ギリシアに限るものではなかったが，アテナイのソロン，ミレトスのタレス，プリエネのビアス，ミュティレネのピッタコスらが定番の賢人で，それ以外は複数のリストで異なる人々の名が含まれている。イオニア地方など各ポリスの指導者であった人々が語ったという箴言（しんげん）が，人生の知恵を授けていた。「汝（なんじ）自らを知れ」や「度を越すなかれ」といったデルフォイの神殿に掲げられた箴言も彼らの言葉とされる。ファレロンのデメトリオスが編集した『七賢人の箴言』などに，彼らに帰される言葉が収録されている。そこでは心身の健全なあり方や，市民としての義務，家庭での振る舞いや理想的な言動が勧められる。例えば，「友を得ようとするのに早まることなかれ。だが，一旦得た友は見限るのに早まることなかれ」（ソロン），「恥ずべき利得よりはむしろ損失を選べ。損失は一時の苦しみだが，恥ずべき利得は永久の苦しみ」（スパルタのキロン），「外見を飾り立てるな，行いにおいてこそ美しくあれ」（タレス），「時宜を知れ」（ピッタコス）などである。これらは寸言に込めた行動規範であり，社会生活や身近な人間関係への忠告や，個人の倫理的規範の提示が主であった。そこではそれぞれの知者の個性は重要ではなく，しばしば同様の言葉が別の知者に帰されたりした。正義，節制，敬神，正直さなどの徳目が重視されるが，理論や議論は与えられていない。

著作を残さなかった彼らの知恵は多くの逸話で流布した。例えば，知恵への謙虚さを特徴とした「知者の鼎（かなえ）」という逸話がある。海から発見された鼎をめぐって，アポロン神が「知恵において第一の者に」という神託を下したため，まずタレスに渡されたが，彼は別の知者に譲り，そこから6人をめぐって再びタレスに戻ってきたところで彼はディデュマの神殿に奉納したという。ここで大切なのは，「知者」という称号が神から発せられた時，自らはそれに値しないとして他の知者に譲る謙虚さと，不知の自覚ともいうべき意識，そして神を絶対的な知者として敬う態度である。

2. 生への覚醒：ヘラクレイトス

前6～前5世紀にエフェソスで活動したヘラクレイトスは，一冊の書物に収めた断章形式の箴言によって，私たちの生き方に痛烈な言葉を投げかけた。

生きるために持つべき知恵は，権威ある知者たちから授かるものではなく，むしろ彼らを批判しつつ自らが気づくべきものである。ヘラクレイトスの言葉（ロゴス）は私たちの生き方，思い込みを厳しく批判する。批判は，まずホメロスやヘシオドスという詩人に向けられる。詩人たちは「多数は劣っているが，善い者は少数である」ということすら知らず，とりわけヘシオドスは「昼と夜が一つである」ことすら知らない。一見謎めいたこれらの箴言によってヘラクレイトスが批判するのは，知のあり方であった。ヘシオドスをはじめ，ピュタゴラスやクセノファネスやヘカタイオスに対しても「多くを学ぶこと（博識）は，理解を教えはしない」と手厳しく批判を加えた。私たちは何でも知っている博識になることを求めるが，それは本当の知恵を見損なうことである。ヘラクレイトスが提示する「知」は一つであり，全てを通じて判断し認識するあり方であった。そうして彼は，私たちの生き方をあたかも眠っているかのようだと批判する。「言葉は共通しているというのに，多くの人々は個別の考えを持つ仕方で生きている」（DK 22 B2＝LM HER. D2）という言葉は私たちに覚醒を促す。

私たちが自明視する生と死の違いや反対性すら幻想に過ぎない。「死は，我々が目覚めていて見る全てのものであり，眠りにおいて見る全てのものは眠りである」(DK 22 B21＝LM HER. D72)。生きることと死んでいることは，目覚めていることと眠っていることのように同じ一つの事態であり，互いへと変わりながら成り立っているからである。それなのに私たちは死を嫌悪し，生に執着する。その思い込みを批判しながら，眠りと覚醒の変転と重なりに目を向ける。そこでは不死なる神と死すべき人間との違いですら相対的なものに過ぎない。「不死なるものは死すべきもの，死すべきものは不死なるもの。かの人々の死を生き，かの人々の生を死んでいる」(DK 22 B62＝LM HER. D70)。

ヘラクレイトスはこうして謎かけの言葉で私たちが抱く思い込みを揺り動かし逆転させることで，生の意味を問い直した。

3．輪廻する生：ピュタゴラス，エンペドクレス

生き方を哲学の中心に据えたのは，サモスから南イタリアに移住してそこで共同体を作ったピュタゴラスである。ピュタゴラスは知の愛求者であると同時に，魂の輪廻転生を説く宗教指導者でもあり，その共同体は彼の教えを共有して共に生きる集団と場であり「ピュタゴラス派」と呼ばれた。ピュタゴラスはそれぞれの社会集団に応じて自らの教えを説いたが，そこには女性も含まれ，ピュタゴラス派からは女性の哲学者も出ている。

ピュタゴラス
〔ユニフォトプレス〕

ギリシアでは死者の魂は冥府に行ってそこに留まるという宗教観が共有されていたが，ピュタゴラスは魂が別の生き物に生まれ変わるという死生観を唱えて，自らは別の人生を送った記憶があると語ったという(筋⑥-3参照)。魂の転生はオリエントの宗教の影響だと考えられており，全ての生き物はそうした転生にあることから，どんな動物を食べることでも身内を食べることと同じである，として肉食の禁忌が唱えられた。そのようにピュタゴラス派では生活習慣にも多くの約束事があり，師の教えとして口外されずに守られていた。

転生という永久の連鎖において私たちが苦しみのうちにあるとする考えは，修練によってこの状態から浄化され，魂が清浄で至福の境地に達するという教えにつながった。その教えを叙事詩『浄(きよ)め（カタルモ

イ)』で表現したエンペドクレスは，自らが不死なる神の境地にあるという語りにおいて，転生を超えて浄化を達成したことを人々に伝えた。浄化の生に至る道はこの世界のあり方，生のあり方を正しく認識することであり，それはピュラゴラス派にとっては宇宙の数的秩序，エンペドクレスにおいては四根の生成変化を知ることであった。

4. 徳の教育：ソフィスト

イオニアで発展した探究は宇宙や自然事物に主に関心を寄せたが，前 5 世紀半ばにアテナイでは市民たちに「徳（アレテー）」を教えるソフィストたちが職業的知識人として活躍した。最初に「ソフィステース」（原義，知識人）と名乗ったアブデラ出身のプロタゴラスは，しばしばアテナイなどの都市を訪問して，多くの弟子を得て授業料をとって教育活動を行った。

「アレテー」とはそれぞれのものが持つ優れたあり方，卓越性であり，人間としてのアレテーを身につけて発揮することが，民主政のポリスで活躍するために重要な条件となっていた。プロタゴラスをはじめとするソフィストたちはギリシア各地からアテナイにやって来て，そこで市民たちに授業料をとって教育活動にあたると同時に，他のソフィストや知識人たちと様々な主題について活発な議論を交わした。

市民として善き優れたあり方とは何なのか。それを身につけるためにはどのような教育が有効かは，ソフィストの間でも論争となっていた。「徳は果たして教えられるか」という問いはこの時代の主要テーマとなり，生まれつき持つ素質，訓練，教育といった要素の有効性と限界が理論的に検討された。実際，エリス出身のヒッピアスは「博識」で知られ，あらゆる専門技術に通暁してそれらの内容を暗記する記憶術を教えていた。それに対してプロタゴラスは，「善き思案（エウブーリアー）」を身につけて家やポリスを運営する政治の術を教え授けると宣伝していた。

民主政の社会では，政治や司法などあらゆる場面で「言論(ロゴス)」で自らの主張を提示して論争相手や聴衆を説得することが必要となった。そのため，アレテーの教育は実質的にはそのような「言論の技術」を教えて訓練することに当てられた。どのような修辞を用いどのような構成で議論を述べるべきか，聞き手の感情をどうコントロールするかがその技術の中核にあり，「弁論術（レートリケー)」として整備されていく（筋⑧- 5 ～⑧- 7 参照)。生き方をめぐる新たな関心は，言論を用いる技術とその能力の教育として競われた。

5．知の吟味としての徳：ソクラテス

ソフィストたちが活躍するアテナイで，当地の出身で人々と対話していた哲学者がソクラテスである。前 469年頃に生まれたソクラテスは一生をアテナイで過ごし，街角で市民たちと対話を通じて哲学を行っていた。イオニアなどで展開された自然の探究には関心を向けず，「いかに生きるべきか」を追究した。前 399年に「不敬神」の罪で訴えられ，裁判の結果死刑になった。

ソクラテスはアテナイの体育場や公共広場などで若者や外国から来た知識人らと対話を交わした。その際に，ソクラテスは「善や正義や美など，大切なことについて，私は知らない」という自身の不知を認めた上で，それを知っていると主張する相手の考えを吟味する。彼が用いる論駁という議論は，主張の間に矛盾があることを指摘して相手を行き詰まり（アポリアー）に陥らせ，不知を自覚するように促した。ソクラテスの対話は一般的な理論の追究ではなく，相手の考えを吟味してその中身を明らかにすることで，生き方への関わりを自覚させる試みであった。それは「魂への配慮」と呼ばれ，ソクラテスがアポロン神から授かった

使命とされた。プラトン『ソクラテスの弁明』での発言によると，全てに知を持つ神とは対照的に，人間には善や正義などの知がないが，それをその通り「知らない」と自覚することがより善い生き方を導く態度であり，知らないのに知っていると思い込むドクサが「無知」という最悪の状態である。ソクラテスの対話はその無知を打破して，真に善き生き方へと魂を向けかえる促しであった。

対話による生の吟味には「知る」ことを生き方の基礎におく知性主義がある。「正義とは何か」を知っていることが即ち正義の人であり，その人は正しい行為を行うことができる。つまり，正義とは何かの知とは，単に頭の中でその理論をもつということではなく，正しさを知っている魂のあり方をもって常にそれを実践できることである。この基本的な立場は，突き詰めると常識に反する多くの逆説（パラドクス）を生み出し，ソクラテスの哲学の特徴となった。例えば，「善について知っている者は自ら進んで悪を行うことはあり得ない」以上，悪い行為は全て「無知」ゆえである。また，善くないと分かっていながらそれを行うという「意志の弱さ（アクラシアー）」はありえないことになる。ソクラテスのこれらの主張は私たちの常識とは対立する面をもつ。

さらに，魂の善きあり方が正しさである以上，他者がどれほど傷つけようと害を受けることはなく，本人が自ら不正を行うことでのみ害悪が生じる。従って，「不正を行うより不正を被った方が良い。」「もし不正をしてしまった場合は，罰を逃れられるより罰を受ける方が良い」。ソクラテスは，これらの常識外れに見える考えが真実であることを論じ，自らの裁判と死刑においてその態度を実地に示した。

「正義，節制，勇気，敬虔（けいけん）」といった徳は全て「知恵」であり，その意味で徳は一つのものである。その認識において自らと他者の知のあり方を批判的に吟味していくことがソクラテスの対話であり，「ただ生きるのではなく善く生きることが大切である」（プラトン『クリトン』）という哲学の基盤となる。対話による吟味を通じて人々と社会を挑発して死刑になったソクラテスの哲学は，プラトンら弟子たちの言論を通じて西洋倫理学の出発点となった。

6．労苦と自足：アンティステネス，シノペのディオゲネス，ストア派

ソクラテスの周りでその対話に接した仲間たちは，彼の死後にそれぞれの理解に基づくソクラテスの哲学を言論作品で提示して，各自の哲学を発展させた。「不敬神」という罪状で死刑になったソクラテスを弁護する目的で前4世紀前半に多数書かれた「ソクラテス対話篇」は，ソクラテスが様々な人と対話問答するという設定で，ソクラテスが勧めた哲学の生き方とは何だったのかを人々に示した。

その中で現在まで4つのソクラテス対話篇が残るクセノフォンは，対話で人々に適切なアドバイスを与え，徳を勧めて善き生き方に導く教育者としてのソクラテスを生き生きと描き出した。クセノフォンが親近感をもっていたのはアンティステネスのソクラテス理解で，多くの対話にその考えが反映している。アテナイ出身だが正嫡な市民でなかったアンティステネスは，「労苦」を乗り越える鍛錬を重要な要素と見なしたが，それはどんな困難にも平然と耐えたソクラテスをモデルにした倫理であった。ソクラテスは季節を問わず同じ簡素な服と裸足で過ごし，戦場でも勇敢に戦った。そして死さえ従容（しょうよう）と受け入れた。そうした態度が「労苦が善い」という基本教説となり，徳だけあれば自足して幸福であるという態度となった。

アンティステネスはこういった生き方をキュノサルゲスの体育場などで教えていたが，そこで教えを受けたとも言われるのがシノペ出身の

ディオゲネスである。彼は，祖国を追放されて浮浪の身となった生き方を「犬」というあだ名とともに逆に積極的に打ち出して，逆転した発想で私たちの常識を覆す哲学の代表となった。アテナイの片隅にあった大甕（おおがめ）で生活し，所持品を放棄して自由に生きることを選んだ。機転の利く応答と実践的なパフォーマンスによって人間の生き方を示した。ディオゲネスはソクラテスの生き方を受け継ぎ「狂ったソクラテス」と揶揄（やゆ）されたが，その自足した生き方は数々の印象的な「逸話（クレイア）」で語り継がれ，ディオゲネスをモデルに生きるキュニコス派が成立した。

また，ディオゲネスの影響を受けたクラテスを師とするキティオンのゼノンから，ストア派にもその生き方が取り込まれた。ローマ期のストア派哲人エピクテトスはディオゲネスの生き方も尊重して自身の教えを残している。ストア派の倫理学はローマ期にとりわけ禁欲主義的な傾向が強くなったが，ストア派自体は「自然に従って生きる」という理念のもとで，宇宙の摂理と運命を認識しながらそれを受け入れて生きる態度を勧めた。ストア派が目指したのは，感情を抑えて生きる心の平静（アパテイアー）であった。ギリシア哲学を代表するストア派の倫理はこうして生まれたのである。

7．快楽と幸福：アリスティッポス，エピクロス

アリスティッポスは北アフリカのキュレネ出身で，ソクラテスの令名を聞いてアテナイに来て弟子となった。ソクラテスの弟子ながらソフィストとして授業料を受けた人物であるが，「快楽が善である」という立場から現実主義の生き方に幸福を求める哲学を展開した。アリスティッポスは快楽と並んで知性を重視しており，芸妓ライスとの同棲生活を批判されると，「私が彼女を持っているのであり，持たれているのではない。最も善いのは，快楽に打ち勝って負かされないことであり，それを

用いないことではない」と切り返した。

「現にあるものからの快楽を享受し，現にないものの愉しみを苦労して追い求めることはしなかった」と報告されるように，アリスティッポスが唱えた快楽主義は現実にある楽しさの追求と享受であった。弟子仲間のアンティステネスは快楽主義に徹底的に反対して，快楽に溺れるくらいなら気が狂った方がましだとまで言っていた。ソクラテスが問い尋ねた「善とは何か，幸福とは何か」をめぐって，弟子たちの間で異なる考えが戦わされたのである。

同時代では幾何学者エウドクソスが「快楽が善である」とする強い快楽主義を唱えて，プラトンやアリストテレスの倫理学で検討の対象となった。ヘレニズム期にはエピクロスが快楽を幸福とする快楽主義に立ったが，その快楽とは苦痛がない状態であり，積極的な快楽の追求ではなかった。エピクロス派は快楽の位置づけをめぐってストア派とは正反対の立場にありながら，心を動揺させる不要な思い込みを排除することに実践的な関心を向けた点で，両者に共通性がある。エピクロス派では神による人間への介入という考え方や死の恐怖を取り除くことが重視され，そういった苦しみを取り除く快楽の生き方には原子論を正しく認識することが必要となる。世界の知が善き生き方と幸福をもたらすという考えは，ギリシア哲学の基本であった。

8. 正義と善：プラトン

ソクラテスの弟子の中では，プラトンが執筆したソクラテス対話篇が後世に最も大きな影響を残した。とりわけ初期対話篇と呼ばれる作品群は，ソクラテスによる生き方の吟味を生き生きと描いている。クセノフォンとは異なりプラトン対話篇では，ソクラテスが積極的に教えや忠告を与えるということはなく，相手の考えを吟味して一緒に行き詰まりに陥る場面が中心となる。ソクラテスの対話が果たす役割は不知の自覚にあり，その徹底が「知を愛し求める」哲学の営みそのものであった。

そうした問答吟味によって不知を自覚して改めて知を求める場合，そこで魂の向け変えが起こる（筋 ⑥- 5 参照）。通常私たちが配慮を向けている肉体や金銭や名誉などは，感覚される世界の出来事であるが，それを超えた知性の対象に魂の目を向け変えない限り，正義や美や善に真に到達することはない。そのような別次元の対象の認識は，魂自体をできるだけ肉体の欲望や感覚から切り離す浄化によって遂行され，知性そのものとなった魂は永遠不変の絶対的なあり方である「イデア」を観想する叡智の状態に至る。そこで真の実在を理解している生き方が魂にとって最善のあり方，つまり幸福なのである。美しく善い生き方を目指す哲学の究極の目標が「善のイデア」であった。

魂はそのようなイデアの観想において正しい秩序を実現し，本来の善き存在を取り戻す。プラトンはそのようにイデア論を通じてソクラテスが提示した魂への配慮を具体的に遂行したのである（筋 ③- 6 参照）。

9. 観想の幸福：アリストテレス

アリストテレスはプラトンのイデア論を批判して自らの倫理学を打ち立てたが，批判の要点は 2 つあった。プラトンは「善のイデア」を中心に据え数学的理論学問を通じて教育される哲学によって幸福を実現しようとしたが，アリストテレスは理論学と実践学を区別し，人間の選択行為を扱う倫理学の領域は，自然法則によって把握される自然学のような理論学とは異なる方法と態度が必要であることを強調した。倫理学を学ぶことは自ら優れた有徳な人間になることを目的としており，単に理論を知ることでは不十分であった。また，究極の原理であるイデアではなく，一人ひとりの生のあり方を形作ることが重要であるとして，人柄

(エートス）における徳を丁寧に検討した。

誰もが目指す善，つまり幸福（エウダイモニアー）は，人間の徳（アレテー）に即した魂の現実活動である。まず，個別の人柄の徳は過剰と不足の中間を把握することにあり，勇気であれば臆病と向こう見ずの中間のあり方を培うことである。その中間性を把握する実践知が思慮（フロネーシス）であり，個別状況を見極めながらどう行為すべきかを捉える知である。徳ある生き方を基本とするアリストテレスの倫理学は，現代では「徳倫理学」と呼ばれてその意義が改めて論じられている。

こうして目指される人間の善きあり方，つまり，幸福は，自足的でそれ自体で望ましい活動である。人間に固有の徳とは人間だけが持つ最も優れた能力，即ち知性（ヌース）の働きであり，それは「観想（テオーリアー)」である。従って，観想的現実活動こそが人間の究極の幸福であり，十分に長い人生においてそれを実現することは，単に人間的というよりも神的な生き方となる。それは，あらゆる行為において自身の内なる最善のものに従って生きることだからである。アリストテレスはこう結論づけた。

アリストテレスが提示した幸福は，タレス以来のギリシア哲学者がそれぞれの仕方で追究し提示してきた観想の生き方であり，プラトンが哲人統治者の理想に求めたものとも揆を一にする。アリストテレスは倫理学を，人間が共同の生き方で幸福を実現するための政治学の一部として位置づけたが，個人の幸福と共同体の幸福の一致をはかる哲学もプラトンと共通する。後に新プラトン主義の創始者プロティノスが，一者との合一を究極の目標とするのも，この幸福論に合致する（筋 ⑥-10参照)。

10．疑いによる平静：アルケシラオス，ピュロン

ヘレニズム期に発展した哲学の諸派は，ストア派にせよエピクロス派

にせよ，個人の魂の平穏を重視したが，社会そのものを改善して善き共同体を実現するという方向には進まなかった。これは，ポリスという比較的小規模の共同体で善き生き方を実現しようとした古典期の哲学者たちと，ヘレニズムの諸王国からローマへという広域で多民族の国家に生きる哲学者との違いでもあった。「庭園」で共同生活を営みながら「隠れて生きよ」をモットーとしたエピクロス派も，宇宙の自然秩序に即して運命のままに生きることを説いたストア派も，政治哲学とは縁が薄い立場であった。

ヘレニズム期に第三の立場からその 2 派に対抗した懐疑主義（スケプティシズム）は，プラトンの学園アカデメイアで前 3 世紀半ばに学頭となったアルケシラオスが導入して前 1 世紀初めまで続き，「アカデメイア派」と呼ばれた。ソクラテスとプラトンが実践した批判的吟味と行き詰まりを重視したアカデメイア派懐疑主義は，人間は確実な知を持つことはできないと考え，あらゆる考えを批判的に吟味しながら囚(とら)われることなく生きることを目指した（筋 ⑨- 9 参照）。そこでは「思い込み（ドクサ）」を退けてかき乱されない生き方が理想となった。

前 4 〜前 3 世紀にエリスのピュロンが唱えたより徹底した懐疑主義は「ピュロン主義」と呼ばれ，ローマ期にセクストス・エンペイリコスの著作で理論がまとめられた。懐疑主義とは，常に疑い続ける「探究（スケプシス）」の遂行であり，どんな考えにもそれに対立する考えが同等に成り立つことを議論で確かめつつ，心を解放して現れるがままに従って動揺することなく生きることが勧められた（筋 ⑨- 9 参照）。

ソクラテスに代表される知による善き生の追究と実現という哲学は，人間は知に至れないという不知の自覚と慎重さにおいて，積極的な判断を避ける懐疑主義の生き方として，他のヘレニズム諸学派と共に人々の生き方の指針となったのである。

#まとめてみよう！　生き方への対応をめぐる対立点

人間の生き方をめぐる様々な態度を考察し，それらがどんな原理によって，どんな倫理を提示したかをまとめよう。特に「徳」や「幸福」という中心概念をそれぞれの哲学者や学派がどう理解したのかを，相違と共通性について整理してみよう。

参考文献

B.チェントローネ『ピュタゴラス派 —その生と哲学』，斎藤憲訳，岩波書店，2000年（原著，1996年）

納富信留『ソフィストとは誰か？』，ちくま学芸文庫，2015年（原著，人文書院，2006年）

プラトン『ソクラテスの弁明』，納富信留訳，光文社古典新訳文庫，2012年

クセノポン『ソクラテス言行録１』，内山勝利訳，京都大学学術出版会，2011年

クセノポン『ソクラテスの弁明・饗宴』，船木英哲（ひでのり）訳，文芸社，2006年

山川偉也（ひでや）『哲学者ディオゲネス —世界市民の原像』，講談社学術文庫，2008年

エピクテトス『人生談義』全２巻，國方栄二訳，岩波文庫，2020-2021年

アリストテレス『ニコマコス倫理学』全２巻，渡辺邦夫，立花幸司訳，光文社古典新訳文庫，2015-2016年；神崎繁訳，岩波書店「アリストテレス全集15」，2014年

アリストテレス『エウデモス倫理学』，荻野弘之訳，岩波書店「アリストテレス全集16」，2016年

岩田靖夫『アリストテレスの倫理思想』，岩波書店，1985年

セクストス・エンペイリコス『ピュロン主義哲学の概要』，金山弥平，金山万里子訳，京都大学学術出版会，1998年

セクストス・エンペイリコス『学者たちへの論駁』全３巻，金山弥平，金山万里子訳，京都大学学術出版会，2004-2010年

5 哲学史の筋 ③：万物の原理

《始源への問い》 万物の始まりは何か？

あらゆるものがこうしてあるのは何によってか。その問いは，万物がどこから生まれ，どこに帰っていくかという「始まり」の問題であった。それが現にあるあり方の基盤としての万物の「始源，原理（アルケー）」の探究である。何を始源と見なすか，いくつのどのような種類の始源を措定するべきかをめぐり，哲学者たちは多様な意見を戦わせた。そうして，できるだけ少ない数の原理によって全てを説明するというギリシア的合理思考は，現代に至る哲学と自然科学を生み出した。

1．問いの発端：タレス

最初の哲学者タレスが発した「水だ」という言葉は，私たちには文脈を欠く形で伝わっている。筋①-2で見たように，タレスは「大地が水の上にある」とか「生き物は水で生きており，万物が水気で養われる」といった説明で「水」を基本に据えている。だが，そういった場面で「水」が果たす重要性は示せても，それを超えた哲学的な意義は明らかではない。むしろタレスは，後に「始源（アルケー）」と呼ばれる問いに対して「それは水だ」という答えを出したのであろう。

世界や自然のあり方に観想をめぐらし，人間をはるかに超える地平に目を向けた時，そこでタレスが問うたのは，「万物の始まり，大元（おおもと）とは何か」という問いであった。そうしてタレスは，哲学史において「始源とは何か」という形をとる問いに，最初に向き合って一つの答えを提示した人物となり，アナクシマンドロスら彼に続く哲学者たちに自らの問いを投げかけて，自身の答えとの対決を促したのである。タレスが「哲学の創始者」とされるのは，立派な哲学理論や体系を構築したからではなく，むしろ哲学の問いを立ててそれを探究し始めたからであろう。タレスは「七賢人」の一人にも数えられる代表的知者であったが，ソロンやピッタコスら他の賢人が社会で人々が生きる規範や知恵を授けていたのに対し，「万物」つまり，ありとあらゆるもの，人間を超える宇宙や自然の全体を問いの対象とした点で彼らとは異なっていた。

タレスの問いにはいくつか重要な点がある。万物の根源への見方は古代の多くの文明で神話や宗教が示してきたが，タレスはその答えを神などの超越存在ではなく，自然そのもののうちに見出した。また，その問いへの答えは一方的に授ける真理ではなく，合理的な説明を伴う理論として示された。理論である以上は議論を通じてその不備や誤りを示すことで修正や撤回の対象となる。こうして一つの問いをめぐる競争（アゴーン）的な理論の追究が始まり，哲学となったのである。

2. 始源への問い：アナクシマンドロス

タレスの問いを引き受けたアナクシマンドロスは，その問いの主題を「始源（アルケー）」という語で論じた最初の人とされる。「始まり」にあたる「アルケー」という単語はギリシア語で以前から使われていたが，それを「万物がそこから始まる大元」という哲学的な意味で用いたのがアナクシマンドロスであった。「無限（アペイロン）」は彼がそれに対して提出した答えである。

アナクシマンドロスが書いた著作からは，長い間引用を重ねられてきたギリシア哲学最古の文章の断片がある（後 6 世紀のシンプリキオスが引用）。それは存在者の間の生成と消滅について，「あるべき必然に従って。というのは，それらに不正の罰を下し償い，相互に，時の秩序に従って」と語った言葉であり（DK 12 B1＝LM ANAXIMAND. D6），詩的な比喩のような仕方で，火や空気や水や土が「無限」から発して互いに変転する様を表している。彼がなぜ「無限」を始源にしたのかは説明されていないが，おそらく火や水など特定の事物を始源に据えてしまうと，万物を同等に説明できないと考えたからであろう。「無限（アペイロン）」とは「限定（ペラス）」がない質的無限定のあり方であり，火や空気など特定の事物でなく，熱いや乾いたといった特定の性質ももたないあり方を指す。それは何にも限定されていない無限であるがゆえに，限定によってどんなものにでも変化できる。また限界がないという意味では空間的無限であり，宇宙の外には無限の空間に「無限」というものが広がっていると考えていた。

「水だ」としたタレスに応答しつつ対抗し，アナクシマンドロスはこうして「始源」の問いにより高度で抽象的な答えを示したのである。

3．始源の候補：アナクシメネス，ヘラクレイトス

「万物の始源とは何か」という問いに対して，タレスが最初に「水」という答えを与え，それに対してアナクシマンドロスが「無限」と答えたことで，さらに多様な答えが出されていく。

ミレトス出身で彼ら2人にも学び，前6世紀半ばに活躍したアナクシメネスは，「空気」が万物の始源であると主張した。空気は私たちの世界を構成する一つの基本物体であるが，それは希薄化と濃密化によってあらゆる物体に変化する。つまり，空気が希薄になると火になるが，濃密になると風に，そして雲になり，さらに濃密化が進むと水，そして土，最終的には石になる。そうして自然物の運動と生成変化は「空気」という始源の変容として永続的に起こっている，という考えである。ア

ナクシメネスは，空気を一つの物体であると同時に，他の物に変化する基にある本性として両義的に説明した。空気の一元論は，その部分が希薄化と濃密化という反対の原理によって変化すると考えることで，多様な現象とそれらの間の動的な変化を説明したのである。彼が他の物体ではなく空気を始源に据えたのは，空気が生き物の呼吸する生命の源であることによる。

ヘラクレイトスはその同じ問いに「火」という答えを提示した。この世界は一見正反対の事物が絶えず変転しながら成り立っている。だが，そこに一つのあり方を見て取る「知」が必要であり，事物の絶えざる生成変化を司るのが「火」なのである。そのあり方は次の断章で語られる。

> 秩序は全てのものにとって同一であり，神が創ったものでも人間が作ったものでもない。常にあったし，あり，また，あるであろう，常に生き続ける火として。相応しい分［時間・分量］だけ燃え，相応しい分だけ消える。(DK 22 B30＝LM HER. D85)

ヘラクレイトスがいくつかの断章で「火」を世界秩序そのものとして強調するのは，タレスの「水」やアナクシメネスの「空気」との対抗であることは明らかであるが，一刻も同じではない激しい変動にありながら一つのあり方を永久に続ける火こそ，最も始源に相応しいと考えたのであろう。火は生命や生成の源であると同時に，破壊や死をもたらす原因でもある。万物のあり方を司る火は，宇宙では「太陽」にあたるが，その太陽が監督することで季節と地上の変化がもたらされる。

アナクシメネスとヘラクレイトスは共に反対の性質の間の対立や相克を強く意識しながら，それらを統一して説明する一つの始源を考えたのである。

4．数の秩序：ピュタゴラス，ピュタゴラス派

「水，空気，火」という始源の候補はどれも私たちが世界で知覚する基本物体であり，そのどれでもないという「無限」はどれにもなり得る物として，やはり同じレベルにある存在者であった。それに対して，ピュタゴラスに由来するピュタゴラス派の哲学では，万物が成り立つ原理は「数」であり，それに関わる「限定，無限」などの概念が提示された。

ピュタゴラス派が「万物は数である」と言った時，それは全ての事物が何らかの数的な秩序をもっていて，それによって認識されるという緩やかな意味なのか，万物がまさに数そのものであるという強い意味なのかは判然とせず，解釈上の議論がある。前者であれば，例えば，ある事物が一定の比率による形状や特質をもって存在していることを意味し，天体の運行が数の法則で表されるという具合である。後者の場合は，例えば，男性が奇数（３）で女性が偶数（２）であって結婚はその合体数（５）であるとか，正義とは互恵的な平衡であり平方数（４＝２×２）であるといった数神秘主義となる。いずれにしても，世界の成り立ちに数が根本的な役割を果たしていて，それが水や空気といった物体にも増して重要な構成原理となるという思考である。人間の身体であれば，「熱と冷，乾と湿」が絶妙の調和にあることで健康状態が維持されるが，それゆえ健康とは諸性質の間の比率であり，均衡を失うと病気になり水や熱が過多になって排出されると考えられた。

宇宙では天体の配置と運行が数の秩序に従って規則的に行われていることは広く認識されており，音楽でもオクターブなどの音程が比例で成立していたことから，音階の数的調和は宇宙全体にも存在し，天体は耳で聞こえない天上の音楽を奏でていると唱えられた。万物がそのように

数を基本にして調和したあり方で存在しているというピュタゴラス派の考えは，近代以降にも受け継がれて西洋哲学の一つの柱となった。

5. 運動の原因：エンペドクレス，アナクサゴラス

万物の始源として「水，空気，火，無限」といった事物を挙げて，そこからあらゆる事物の成り立ちを整合的に説明しようとした哲学者たちに対して，それらとは別種の原理を加えることで初めて万物の成り立ちが説明可能になると考えた人たちがいた。ピュタゴラス派が「数」を原理とした時にすでにそういった発想は始まっていたが，彼らは数だけが始源であるとしたのに対して，エンペドクレスは4つの基本物体である四根に加えて「愛，争い」を結合と分離の原理とし，また，アナクサゴラスは「全てのものが全てのものの中にある」という物体の混合に加えて，それらとは混合せずに純粋である「知性（ヌース）」を立てた。

エンペドクレスがこの世界の構成要素とした「火，空気，水，土」の四根は，すでにイオニア哲学者たちが始源の候補で論じた物体であったが，そのどれか一つを優先的に原理に据えるのではなく，4者が独立にそれぞれ永久にあり続ける神のような存在であると考えた点に特徴がある。それら各々は自らの本性的な動きをするが，相互に混ぜ合わせたり分離したりする働きはそれらとは別の2者，即ち愛と争いがあたった。愛の力が強い時期には四根は混じり合って区別なく一体化していくが，争いの力が増すと争いはそれらの間を引き離して分かれた状態にする。それら2つの力が四根を動かすことで宇宙のあり方を円環的に変化させているのである（筋①-5参照）。エンペドクレスにおいては四根および愛と争いの計6者が始源の役割を果たしている。

アナクサゴラスはエンペドクレスとはまったく異なる道具立てながら，やはり混合する事物に分離を働きかける別種の原理として「ヌー

ス」を立てた。ヌースが渦巻き運動を引き起こすことで，分離の過程が進行して異なる場所で異なる性質や事物が現れて形をとっていく（筋①-6参照）。ヌースの働きについては不明な点が多く，アナクサゴラスに同時代人たちから批判があったことから，おそらく十分な理論は与えられていなかった模様である。だが，宇宙の知性が万物を秩序づける重要な原理であるというアイデアは，プラトンやアリストテレスが積極的に取り入れて発展させた。

エンペドクレスとアナクサゴラスが導入した契機は，アリストテレスが「始動因」と呼ぶ原理で，それまでの「水，空気，火，無限」などの質料因と組み合わされることで生成変化の説明を可能にする。他方で，この2人は「愛と争い」や「ヌース」をこの宇宙に内在する物体として他の物体と同列の存在身分に立てており，その意味でプラトンやアリストテレスの形相的な原因とは異なる考え方であった。

6. イデアという原因：プラトン

生成や消滅や変化がなぜ起こるかという原因は，イオニアやイタリアの自然哲学者が様々に論じた問題であるが，プラトンは『パイドン』で彼らの考察がどれも基本的に不十分であり，物事の「なる」や「ある」を適切に説明してはいないと批判した。

例えば，少年がたくさん食べて大きくなった（太った）という時，その変化の原因は食べた食料にあるとすることも，食べるという行為とすることも不適切である。食べなくても太ることがあり，食べても痩せることがあるから，原因として事態を一義的に説明しないからである。そのように，その事態を構成している事物の側に説明を求めても原因を見出すことはできない。

プラトンはそこで，言葉の中で原因の構造を探究するために「イデア」を基礎定立し，それを原因として事態と変化を説明する。例えば，まさに美しいという「美それ自体」が「美のイデア」である。前の例で言えば，少年は当初「小さい」というイデアに与(あずか)って（分有して）それによって小さかったのだが，今度は「大きい」というイデアに与ることで「大きくなる」という変化が生じた。それは徐々に変わっていく過程ではなく，「小さいものが大きくなる」という突然の変化である。それ自体として大きい「大のイデア」は「大きい」の原因として働き，「小のイデア」との反対関係から「小さい」という事態との非両立がさらに説明されるのである。

こうして基礎定立された「それ自体としてある」というイデアは，感覚される事物とは異なる知性対象としての存在身分をもつ。生成変化する感覚界の原因を超越的実在に求めるプラトンのイデア論は，イデアとそれを分有する感覚物の間の関係だけでなく，イデア相互の関係の探究につながり，諸イデアの原因として「善のイデア」を考える，より根源的な思考につながった。

7．原理の数：スペウシッポス，クセノクラテス

プラトンが前 387年頃に開設した学園アカデメイアでは，プラトンの問題提起をうけて「イデア論」をめぐる議論が活発に行われた。学園で研究したスペウシッポスやクセノクラテス，それにアリストテレスらの成員は，おそらくプラトン自身に促されてイデア論の問題点を徹底的に議論し，それぞれが元のイデア論を放棄または修正する哲学を展開した。

アカデメイアの哲学者たちの関心は，いくつの原理を立てれば世界の事態や変化が説明できるかという問いに向けられた。プラトンは学園での議論で，感覚される事物とそれを超えた永遠の知性対象であるイデア

の間に「数学的対象」という中間者を立てたという。イデアはそれぞれ唯一しか存在しないが，数学では「2＋2＝4」の「2」のように，同じものが複数認められる。それは感覚的事物でもないことから，第3の存在者に分類されたという（アリストテレスの報告で，プラトン対話篇では明言されない「不文の教説」である）。

これに対して，プラトンの甥で学園の第2代学頭になるスペウシッポスは超越イデアの存在を否定して数と感覚対象だけを存在者とし，万物には複数の実在の系列のそれぞれに原理を認めた。実在は「感覚対象，数，大きさ，魂」の4種もしくはそれ以上あり，それぞれに原理の系列が設定された。大きさでは「点，線，平面，立体」という系列が生成し，平面は三角形から，立体は三角錐から系列が生成する。明らかに数学を重視するこの原理論は，アカデメイアで影響が強くなったピュタゴラス派哲学に基づくものである。

スペウシッポスの死後に第3代学頭に選出されたクセノクラテスは，今度はイデアと数学的対象を同一視し，スペウシッポスと同様に超越イデアをそのままでは認めなかった。このように，原理をめぐる議論は次第に理論的に精緻化・高度化し，形而上学の体系をどう立てるかという問題となっていった。

8. 4原因説：アリストテレス，テオフラストス

それまで論じられてきた万物の「アルケー」を「原理」として改めて体系的に検討したアリストテレスは，先行哲学者の批判的検討を通じて自らの4原因説を打ち立てた。タレスの「水」以来の基本物体は「素材」を意味する「質料（ヒューレー）」という原因であり，それを動かすアナクサゴラスの「ヌース」のような「始動」因がある。さらに，事物の調和や比率は「形相（エイドス）」にあたる原因で，プラトンのイ

デア論で完成する。そして「そのために」という善が「目的」という原因である。こうして4種の原因を挙げてそれまで提出された候補がどれにあたるかを整理することで，アリストテレスは自身の4原因説が裏付けられると論じた。

自然界の運動変化は4原因説でより十全に説明される。まず，変化において生じる終極は形相であるが，その基に置かれた質料との結合体が個々の事物をなす。例えば，粘土を捏ねてソクラテス像（実有）を作る場合，像になる前の粘土が質料，そこに実現したソクラテスの姿が形相である。製作する職人が変化の起点として始動因であり，その人が心に抱き像に実現した形相はまた，製作が目指す「善」として目的因でもある。これら4原因のうち，目的因は実現される形相であり，始動因は「人間が人間を生む」というように形相と種において同一であることから，4者は結局は形相と質料の2原因に収斂する。こうして自然界の実有が形相と質料の結合体であるという質料形相論が成立した。

アリストテレスがこの分析で主に念頭においていたのは動物など生き物の世界であり，生物の部分や機能では「何かのために」という目的の説明が有効に見える。例えば，雄ジカの角が毎年脱落するという事実は，生存の有利さという目的因と角の重さという質料因で説明される。

だが，このような目的因を重視する分析は，しばしば強引な理由説明を惹起してしまうことから，学園リュケイオンの同僚で後継者となるテオフラストスは，目的因は限定的な範囲の対象にだけ適用されるべきであると論じた。例えば，海の干満や大地の干ばつや湿潤には「何のため」という目的はなく，動物においても男性の胸や女性の射精，ヒゲやある部位の毛，鹿の角などが目的を欠いているように見える。概して動物の誕生と成長は偶然や必然により，何かを目的にしているものではない。これらの例からテオフラストスは，もし全てのものが何かの目的や最善のためにあるのでなければ，何らかの限定が必要であると論じた。つまり，全てを一律に説明する原理ではなく，ある原理が働く範囲を確定してそれらの有効性を確保することが課題となる。テオフラストスの論考『形而上学』（原題はおそらく「諸原理について」）は，どのような第一原理を立てるべきかという問題を論じている。

こうしてアリストテレスの４原因説は限定を加えられながら，世界の説明として中世哲学に受け継がれていく。

9．原子と空虚：デモクリトス，エピクロス

秩序ある自然の世界を説明するために，善などの目的や意図に関わる原理を持ち出したプラトンやアリストテレスに対して，デモクリトスとエピクロスら原子論者はそういった発想を退けて唯物的な機械論を展開した。

無数の原子が無限の空虚の中を動き回る原子論の世界では，それら２つの原理で全てが説明される（筋 ①- 7 参照）。原子に帰されるのは大きさや形や重さだけであり，他の性質はもたない。それはそれ以上分割できないという限りで，生成も消滅も変化も起こりえない，永遠不変に「ある」ものである。原子は形をもつ限りで微小な部分を含んでいるが，それは物理的に切断できない部分であった。

空虚とは何もない状態である。「ないものは，ない」を真理としたパルメニデスに対して，デモクリトスらは「ないものは，あるものに劣らずにある」として，空虚も存在すると論じた。デモクリトスの原子論において空虚は２つの役割を果たした。一つは，原子が運動しぶつかり合うために必要な，そこに何もない場所である。自然の生成変化を論じた多くの哲学者は，運動変化，とりわけ場所移動が物の充満している中で起こると考えたが，事物が完全に詰まった状態では何も運動できないと

考えた原子論者は，充実体が移動する場所には何もない空虚が必要だとしたのである。もう一つの役割は，原子と原子の間にある「隙間」であり，これが2つの物体を隔てて異なるものにする。隙間がある限りそれらは力によって分割されるが，逆にどこにも隙間がない物体（原子）はもはや不可分なのである。

エピクロス
〔ユニフォトプレス〕

これに対してエピクロスの原子論では，空虚は別の仕方で二重の意味をもつ。一つは，原子がそこにない虚ろな場所であり，その範囲は原子からなる物体の移動によって絶えず変化する。もう一つは，そのような運動が可能である「空間」であり，原子と物体が占めている場所も潜在的には空虚となるべき場所であり，それらが全体として空間をなすのである。

こうして原子と空虚という2原理で万物を説明した原子論は，プラトンやアリストテレスの哲学とは対照的な唯物論であるが，近代に復活してから基本的な世界観として現代にまで大きな影響を与えている。

10．一者からの発出：プロティノス

後3世紀にプロティノスが始めた新プラトン主義は，アリストテレスやストア派の哲学を批判的に取り入れつつ，プラトン哲学を総合的に展開した。プロティノスは「一者（ト・ヘン）」を究極の原理とすることで，万物をそこからの展開と発出としてダイナミックに説明した。

全ての存在者の根拠である一者は「存在の彼方」（プラトン『ポリテイア』での「善のイデア」への表現）として存在ですらなく，それ自体

では何であるとも語り得ぬ究極原理である。一者は豊饒さゆえにすべてのものを産出する力であり，3つの原理で展開する。まず，一者が自己自身の方へと向き返る時に，一者から限定をうけて「知性」が成立する。そうして一者から派生した知性は，知られる対象として全実在，つまりイデアを理解する。そこでは知性とイデアは完全に一つであり，これが第2段階となる。知性の現実性はイデアの現実性に他ならないからである。さらに，その知性から感覚的世界を成立させる宇宙魂が発出する。だが，魂は知性以外の働きも持つことで降下し，さらに肉体の世界へと展開する。「一者，知性，魂」という3つの原理は，こうしてプロティノス哲学の基本をなす。

新プラトン主義の世界観は，一者からの重層的な発出であり，私たち人間の魂にとっては一者へと還帰して合一するダイナミックなプロセスなのである。

超越的な一者を究極の根拠とする新プラトン主義哲学は，プロティノス以後もイアンブリコスやプロクロスらによって神秘主義的傾向を強めながら整備され，キリスト教やイスラームの神秘主義に影響を与え，とりわけ否定神学の伝統につながった。

#まとめてみよう！　**原理をどう立てるかについての相違**

ギリシアの哲学者たちが「始源，原理」をめぐる問いに，どのような異なる答えを提示したのかを整理しよう。各候補はどのレベルでの提案になっているのか，相互の批判からどのような新たな可能性が開かれたのかを考察しよう。

参考文献

G.E.R.ロイド『初期ギリシア科学 ―タレスからアリストテレスまで』，山野耕治，山口義久訳，法政大学出版局，1994年（原著，1970年）

G.E.R.ロイド『後期ギリシア科学 ―アリストテレス以後』，山野耕治，山口義久，金山弥平訳，法政大学出版局，2000年（原著，1973年）

プラトン『パイドン ―魂について』，納富信留訳，光文社古典新訳文庫，2019年

松永雄二『知と不知 ―プラトン哲学研究序説』，東京大学出版会，1993年

アリストテレス『自然学』，内山勝利訳，岩波書店「アリストテレス全集４」，2017年

アリストテレス『形而上学』上・下，出隆（いでたかし）訳，岩波文庫，1959-61年

丸野稔『テオフラストスの形而上学』，創文社，1988年

エピクロス『エピクロス ―教説と手紙』，出隆，岩崎允胤（ちかつぐ）訳，岩波文庫，1959年

水地宗明，山口義久，堀江聡編『新プラトン主義を学ぶ人のために』，世界思想社，2014年

6　哲学史の筋④：スタイルの葛藤

《スタイルの問い》　私たちはどんなスタイルで真理を探究するのか？

私たちが真理を探究するのは言葉（ロゴス）を語ることによってである。では，どのような言葉を使えば真理に近づけるのか。言葉を用いる様々なスタイルは，それぞれに異なる位相から真理を開示しようとするが，それらのスタイルを実験的に試みた哲学者たちが異なるスタイルの哲学を生み出していく。語りを基本とする口誦（こうしょう）の文化は書き物による議論へと重点を移す。他方で，書き物を残さなかった哲学者たちも哲学史で大きな影響を残した。

1．神の言葉の語り：ホメロス，ヘシオドス

古代ギリシアの社会で詩人は，神々から授かる言葉を人間たちに伝える知者の役割を果たしていた。「長・短・短（あるいは，長・長）」の音を1脚とし6回繰り返して1行となる「六脚韻（ヘクサメトロス）」の形式をとる叙事詩（エポス）が，最も格式高いスタイルとして神の言葉を伝達する。有名なデルフォイでのアポロン神託もその韻律で授与されていた。

ホメロスの叙事詩『イリアス』の冒頭は，「怒りを歌え，女神よ，ペレウスの子アキレウスの」という呼びかけ（命令形）で始まっており，ヘシオドスも『神統記』で，まず自分の言葉は女神に由来すると語っている（筋⑧-1参照）。過去に起こった戦争や，神々の世界の有様，あるいは人間の運命は人知の及ばぬところであり，神のみが真理を知っている。従って，それを人間に伝えるには，人間が日常に語る言葉とは異

なる神の言葉の韻律でなければならなかった。詩人が神に呼びかけて授かるのはその言葉であり，六脚韻のスタイルは神的な真理を保証するものであった。詩人はその語りゆえに知者として尊重されていた。

だが，詩人たちはそうして神から言葉を受ける役割において互いに強烈な対抗と競争の関係にあった。それぞれの詩人は，自身が神から授かり語る言葉が真理であり，他の詩人たちが語る言葉は偽りであるという主張を行ったからである。神から授かる詩とはいえ真理と虚偽があることは，詩の言葉も無謬(むびゅう)ではなく批判の対象となることを示唆する。詩人が語る叙事詩は，ギリシア人の教育と英知の結晶であると同時に，その内容や齟齬(そご)について解釈が争われる文芸批評の素材となったのである。

詩人の言葉の批判的な検討は，同じ詩人であったクセノファネス以来，ヘラクレイトスやプロタゴラスやポントスのヘラクレイデスからアリストテレスまで盛んになされ，とりわけプラトン『ポリテイア（国家)』第2～3巻の文芸教育論と第10巻の詩人追放論は，詩への厳しい批判として有名である。

2．散文の開発：アナクシマンドロス，イオニア自然学

詩人の真理と知恵を司る伝統文化から離れ，人間が自身の言葉で語るという新たな探究を始めたのがイオニアの哲学者たちであった。それは神から授かる韻文ではなく，人間が日常生活で語る散文で，一人称で自らの考えを語る言葉である。

最初に「散文」つまり韻を踏まない「裸の言葉」で思考を表現したのは，ミレトスのアナクシマンドロスとされる。彼の著作は残っていないが，そこから引用されて伝わった断片（筋③- 2で引用）では，韻律を踏まない散文で始源としての「無限」の変化が語られていた。私たちが日常で語る言葉を使ったこのスタイルは，当時はおそらく異様に聞こえ

たに違いない。それは神に由来する真理ではなく，有限な認識の範囲内での議論に過ぎないからである。だが，人間が自分の思考で進める考察は，それ自体ではまだ真理ではないとしても，探究（ヒストリアー）を通じて次第に真理に近づくことができるという信念に支えられた。そうして提示された言論を批判したり補強したりする言論の積み重ねは，確実に真理を明らかにしてくれるはずであった。

散文の論文では，著者はまず自身の名前を提示し，考察の主題と趣旨を語る。例えば，前 6 世紀末から前 5 世紀初めの地理学者・ミレトスのヘカタイオスは，自分の著作をこう始めた。「ミレトスのヘカタイオスは次のように物語る。私は，私に真実であると思われるように書く。というのは，ギリシア人たちの議論は数多いが笑うべきものだ，と私に思われるからだ」。また，前 5 世紀後半にペルシア戦争の『歴史（ヒストリアイ）』を綴（つづ）ったヘロドトスも，著作冒頭でこう明言した。「これは，ハリカルナッソスのヘロドトスによる探究の証示である。人間たちから生じた出来事が時と共に忘れ去られ，ギリシア人と異邦人の果たした偉大で驚嘆すべき諸々の事績，とりわけ互いにどんな原因から戦い合ったかも，やがて世の人々に知られなくなるのを危惧して」。

ヘカタイオスもヘロドトスもイオニア自然学の系譜に属する知識人であるが，狭義の哲学者ではない。しかし，叙事詩の伝統から意図的に離れて人間に可能な知を追求する新たな探究は，哲学から自然科学や医学や歴史地理に及ぶ範囲で，年月を経て研究を積み上げていった。その最大の成果は，コス島出身のヒッポクラテスらが書き記した「ヒッポクラテス文書」と呼ばれる医学文献である。彼らは身体や病気の様を観察したままに記述し，分析や考察を綴ることで吟味や批判に開かれた言論を後世に残した。

知への愛求を信頼するこの言論の営みは，イオニア自然学でメリッソス，アナクサゴラス，デモクリトスらに引き継がれ，やがてアリストテレスの講義録（「著作集」で伝承）で哲学のスタイルを確立した。

3．詩の内部での批判：クセノファネス

イオニアで散文が開発されて探究の主要なスタイルとなった後も，世界や人間についての知恵はなお，詩の韻律で語られていた。前６～前５世紀に活躍したクセノファネスはイオニア地方コロフォンの出身で，若い頃に故国を離れて南イタリアなど各地を回りながら自作の詩を朗唱する詩人であった。クセノファネスが得意としたのはシュンポシオン（饗宴）という社交の場で歌われるエレゲイア詩で，酒宴でのしきたりを説く詩やオリンピック競技者を揶揄する詩など，批判精神が遊び心で表現された教訓的な作品をいくつか残している。クセノファネスはイオニアの自然探究にも通じており，大地や天体についての考察を叙事詩（六脚韻）の形式で論じていた。

叙事詩の伝統に属するクセノファネスは，ホメロスやヘシオドスによる神々の語り方に痛烈な批判を投げかけた（筋⑤-３参照）。権威となる詩人たちは神について正しく語っているのか，クセノファネスは同じ叙事詩のスタイルで批判と風刺を加えた。それは，詩人同士の競争（アゴーン）の一つと捉えることもできる。しかし，「神々」について語ることを特権的に許された詩人にとって，その語り方が誤っているとしたら知の権威に重大な疑義が生じる。クセノファネスによるホメロスやヘシオドスへの批判は，詩を語ることそのものに関しても問題を提起する。クセノファネスは単に先輩詩人を批判するだけではなく，神についていかに語るべきか，神とはいかなる存在かについて，自ら叙事詩として語っている。そこで示された「一なる神」の理念は，パルメニデスらを通じて展開され，神学の原点となった。

クセノファネスの語りは，一方でそのように叙事詩という韻律であるがゆえに成立するものでありながら，他方で批判的な言論の力によって内側からそれを超える哲学の視野を開いたのである。彼が論じた神の全知は，詩人が伝統的に認めてきた神の特性であると同時に，詩という語りの基盤であった。従って，クセノファネスが「神」の語りをそれ自体として自覚的に問い直したことは，詩という知の語りからしかできない反省であった。

クセノファネスはまた，人間の認識の限界を示す断章を残している（筋⑨-1参照）。人間には誰も真理を知ることができないという悲観主義的な発言は，そうして語っている「私」，つまり詩人クセノファネス自身を例外に扱っている。自己矛盾するように見えるその発言も，人間を超えた認識に与（あずか）る詩人としての言葉であり，六脚韻で語ることで神の視点に立って人間の知恵の有限性を示すものであった。

クセノファネスは職業的な詩人として語った哲学者ではなく，むしろ詩人であったからこそ哲学をなし得た詩人哲学者だったのである。

4．箴言（しんげん）という謎かけ：ヘラクレイトス

ヘラクレイトスは一巻の書物をエフェソスのアルテミス神殿に捧げたと言われ，その書物に収められた言葉は120あまりの断章として今日に伝わっている。彼の書物は2つの点で画期的なスタイルであった。第1の特徴は，神託に擬した語り口，謎を考えさせて覚醒させる過激な言葉であり，第2の特徴は，文字で書き記された言葉という特性を生かした書き物という点にある。

ヘラクレイトスの書物には，数語から数行程度の警句風の言葉が並べられていた。それは韻文ではないが，デルフォイの神託やシビュラの託宣を想起させるものであった。著者本人がその語り口を意識して，「そ

の神託所がデルフォイにまします主は，語りもせず，隠しもせずに，示す」(DK 22 B93＝LM HER. D41) と述べている。神託は一種の謎かけであり，神の視点から真理を示しているが無知な人間にはその意味が理解されない。有名なオイディプスへのアポロンの神託が典型である。「父を殺し，母と交わるであろう」という神託を受けた若きオイディプスは，育ての親の元を離れて，知らずに実の父親を殺して母親と結婚してしまう。アポロンが授けた真理は人間の思い込みにより誤解され，かえってその真理を成就させるが，その責任は無知なる人間の側にある。神託を受けた者には，謎に向き合いそれを読み解く態度が求められるが，ヘラクレイトスの言葉はそれと同様の謎かけを意図したものである。

語り手であるヘラクレイトスは，あたかも神のごとき視点から，傲慢に聞こえる挑発的な「言葉 (ロゴス)」を私たち人間に投げかける。それはヘシオドスやクセノファネスのような六脚韻ではないが，やはり人間を超えた語りを可能にするスタイルでの真理への関わりであった。シビュラの巫女のように「怒った口で，可笑しみのない飾り気のない香りのない音声を発する」という彼の言葉は，無知にありながら眠ったようにそれに自覚せずに勝手に生きる私たち人間の思い込みに向けられ，それをショックによって破砕する力となる。

さらに，ヘラクレイトスの書物は，書かれた文字に込められた曖昧さや多義性を活用した初めての著作であった。一例では「弓 (ビオス) の名は生(ビオス)，その働きは死」(DK 22 B48＝LM HER. D53)という断章がある。アルファベット文字列では同じ BIOS が，鋭アクセントが後ろの OS に置かれると「弓」，前の BI に置かれると「生」となる。書かれた文字の多義性が，音声上は類似に過ぎない 2 語の一致を示す。人を殺傷する弓が生であり，人間が正反対だと思っている 2 つは書き言葉では一致している。こうして随所に仕掛けられた書き言葉の多義性が，読む者を驚かせ目覚めさせる効果をもつ。

一冊の書物が収める一連の断章は，それぞれの語や文の並び，喚起されるイメージ，多義性を効果的に用いることで，書かれた配列で読み進める読者にその意図を次第に明らかにする。個々の単語には濃密な意味が込められ，同じ単語，あるいは関連する語彙が繰り返し用いられることで，互いが呼応し反響（エコー）が生まれる。始めは曖昧で多義的であった言葉が，次第に異なる意味を輻輳（ふくそう）させながら，相異なるメッセージから一つの知恵を結んでいく。当初は謎にしか聞こえない言葉の予示的な意味が，そうして次第に解きほぐされて真理を示していく。ヘラクレイトスの文学的技巧は彼の哲学的意図を実現するスタイルである。それがヘラクレイトスの「言葉（ロゴス）」であった。

5．再び叙事詩で語る：
パルメニデス，エンペドクレス，ルクレティウス

こうして，人間の言葉で真理を探究するイオニア散文が哲学でより広く用いられるようになっても，伝統的な言葉のスタイルは意図的に活用されていく。人間に神の知恵を伝える六脚韻の叙事詩は，パルメニデス，エンペドクレス，そして共和政ローマではルクレティウスが用いて哲学を語り続けた。現代から見ると，あえて韻律にのせて哲学の議論を語ることは無理で不自然な試みであり，せいぜい文芸的なエンターテイメントや美的価値しかないように感じられる。だが，あえて叙事詩のスタイルをとるにあたっては，それぞれの意図が込められていた。

エレア出身のパルメニデスは，前 5 世紀の前半に活躍した。クセノファネスに教えを受けたとも言われ，その影響から叙事詩で哲学をしたのかもしれない。彼が生涯に作った一編の叙事詩では，「序歌」で疾駆する馬車に運ばれて神々の世界へと連れていかれる若者の神秘的な体験

が語られる。人間の踏み込むべきでない領域に招かれた若者に，女神がこう言葉をかける。

> では，お前は全てのことを聞き学ぶべきである。／一方で，よく説得をする真理の揺るぎない心臓を／他方で，死すべき者どもの思い込み，それらの内に真なる信用はない。／しかしながら，次のことも学ぶことになろう。［お前に］そう思われたことが／全体を通じて全てを貫きながら，信頼できるはずだったのに，どうそうならなかったのかを。（DK 28 B1. 28-32＝LM PARM. D4）

そうして女神は，人間にはにわかには理解しがたい「ある」の道を真理として示し，他方で人間が誤って抱く「あり，かつ，ない」の道を「思い込み（ドクサ）」として描き出す。女神は思い込みの道から思考を締め出すようにと警告し，「言論によって，争い多い論駁(ろんばく)を判定せよ」（DK28 B7＝LM PARM. D8）と促す。

パルメニデスは「ある」を問うた存在論の原点におり（筋⑦-1参照），徹底した論理による一元論の提示で知られるが，その真理は私たち人間が使う言葉そのままでは語ることができなかった。私たちは絶えず「ある，ない」を混同する思い込みの道に陥ってしまうからである。それゆえ，神の視点から人間の認識の限界を突きつける叙事詩の言葉があえて語られたのであろう。

女神と出会った体験を六脚韻にしたパルメニデスとは異なり，シチリア出身のエンペドクレスは自らが神になったという語り口で「真理」を語る。『浄(きよ)め（カタルモイ）』と題する叙事詩の冒頭で，彼は同郷アクラガスの人々にこう呼びかけていた。

> 私はあなたたちには不死なる神として，もはや死すべき者ではなく／全てのものの間を行き来する。（DK 31 B112＝LM EMP. D4）

人間の魂は汚れたダイモーン（神霊）として，この世界で様々な生き物に輪廻転生するが，禁忌や修練による浄化を経てやがて神へと近づく。それは宇宙のあり方を正しく認識する知の境位であり，エンペドクレスはそれを『自然について』という叙事詩で示した。彼が六脚韻で語ったのは，そうした宗教的真理を開示し人々に伝えるのに最適のスタイルだったからである。

前 1 世紀にラテン語の叙事詩『物の本性について』でエピクロス哲学を壮大なスケールで歌ったルクレティウスでは，事情はやや複雑である。原子と空虚だけで構成される宇宙の叙述は，詩である必然性を欠くようにも見える。だが，愛の女神ウェヌスに祈りながらギリシア語の哲学をラテン語で新たに表現していく試みは，ホメロスやエンペドクレスへの崇敬により，神的霊感による創作という詩人の伝統を復活させたものであった。

6．弁論という舞台：
アンティフォン，ゴルギアス，イソクラテス

古代ギリシアは口誦を基本とする文化で，言論は祭典や議会など公的な場で人々の前で語られていた。そのために説得的な演説の技術を教授するのがソフィストの役割であった（筋②- 4 参照）。彼らの言論技術は場面に応じて時宜にかなった演説（スピーチ）として発揮されたが，その技法は「技術書」の形でまとめられたという。また，より広い人々にアピールするために，模擬弁論作品を書き物にして流布させることもあった。彼らの技術を学ぶ者は，その言論を読み上げて憶（おぼ）えることで技

法を身につけたのである。

そうして書かれた言論には，言論の技法をめぐる考察が具体的な論争（言論の競争）の形で盛り込まれていることが多い。前5世紀にアテナイで弁論術を教えたアンティフォンは『四部作』という模擬法廷弁論の連作で，告発と弁明の双方から同一の事件を論じる言論を多彩に作り上げたが，それは「ありそうな（エイコス）」という論法を使う実験的な言論であった。例えば，生前の被害者に敵対していたその被告こそありそうな犯人であるとする原告からの告発に対して，被害者が殺されたら自分が疑われる以上，犯人であることはありそうでないと被告は反論する。真理が得られない時にどのように相手を説得するかが，言論の技術の関心事であった。

ソフィストのゴルギアスは『パラメデスの弁明』で，また，彼の教えを受けたアンティステネスは『アイアス』と『オデュッセウス』で，ギリシア神話の英雄が語る弁論というスタイルで人間や言論についての考察や教えを提示した。また，ゴルギアスの『ヘレネ頌（しょう）』は伝説的な悪女ヘレネの無実を証明するという逆説的な設定で，「言論の力」を実地に示す。それは弁論家の力量を示す娯楽の作品であるが，そこに言論についての考察を論争的に組み込む限りで，哲学を遂行する一つのスタイルであった。

このスタイルでの哲学を完成させたのは，プラトンと同時代の弁論家イソクラテスであった。

7. ソクラテスの対話篇：プラトン，クセノフォン，アイスキネス

語り言葉で交わされる対話（ディアロゴス）は，ソクラテスがアテナイの街角で哲学を遂行するスタイルであった。ある相手とある場で特定の

主題をめぐって交わす対話は，一度きりの哲学の現場である。そうした生きた言葉のやりとりは当事者の間でのみ大きな効果をもつが，時とともに忘却されてしまう。ソクラテスの死後に弟子たちが書き残した「ソクラテス対話篇」は，そうしたソクラテスの対話を書き言葉として生き生きと描いて，より広く後々の人にまで伝える哲学の媒体となった。

不敬神の罪状で死刑となった師を擁護する意図で公刊されたと考えられる「ソクラテス対話篇」は，前 4 世紀前半におよそ14人の著者が計250巻，200篇ほどの作品を書いたと推定されている。その中にはクセノフォンの 4 作品とプラトンの大小 30 あまりの対話篇が含まれる。

プラトン
〔ユニフォトプレス〕

ソクラテス対話篇には口語体の散文で綴られた戯曲形式の直接対話篇と，過去の対話を報告する形式の間接対話篇があるが，それぞれ文学的特徴を生かした工夫が凝らされている。例えば，プラトン『饗宴』は十数年前にあった宴会での「愛（エロース）」をめぐる人々の対話を語って聞かせるという体裁で，ソクラテスと 6 名の演説が描かれる。

現存作品があるプラトンとクセノフォンに加えて，アンティステネス，アリスティッポス，メガラのエウクレイデス，パイドン，アイスキネスらソクラテス対話篇の著者は，それぞれが理解するソクラテスの姿と教えを創作を交えて強烈に押し出すことで，自身がソクラテスから受け継いだ哲学を互いに競いながら示していった。

その中でも対話篇という文学形式を最大限有効に哲学に適用したのはプラトンであったが，その精神を受け継ぐ人々は対話篇のスタイルで哲学を追求する。アカデメイアの成員であったポントスのヘラクレイデスは，有名な人物がそれぞれ異なる哲学の立場から議論する対話篇の形式を打ち出し，キケロが『トゥスクルム荘対談集』『神々について』『善と悪の究極について』『義務について』といった数多くの対話篇で受け継いだ。対話篇という哲学のスタイルは，アウグスティヌスやボエティウス『哲学の慰め』をはじめ，その後近現代でも多くの哲学者が活用している。

8．書簡を通じた哲学：イソクラテス，エピクロス

語られた言葉と違って，書かれた言葉は特定の聞き手や時間や場から自由であるため，不特定の読者によって誤解される恐れがあり，信頼に欠ける言論スタイルであると批判された，プラトンは『パイドロス』で書き言葉を批判的に取り上げ，ゴルギアスの弟子のソフィスト・アルキダマスは論考『書かれた言論を書く人々について，あるいは，ソフィストについて』でその問題を論じた。彼らが意識していた論争相手のイソクラテスが開発した「書簡」形式の書き物は，その欠点を補うスタイルであった。

古代において遠隔地間のやりとりには書簡が用いられたが，イソクラテスは書かれた弁論の作品にその形式を組み合わせ，特定の相手に送るアドバイスや批評という体裁で自説を示した。とりわけマケドニア王フィリッポス 2 世に宛てた書簡や弁論作品では，ギリシア人が団結してペルシアに対抗すべきだという政治哲学をアドバイスという形で盛り込んだ。しかし，それらの書簡や演説は必ずしも宛先の相手にだけ読まれたのではなく，むしろアテナイで仲間たちが読むことを想定して書かれている。

書簡という形式を使うメリットは，語り手（書き手）と聞き手（受け取り者）が特定されているために文脈が明示される点，およびその言説

から読み手がさらに著者の意図を読み取ることを期待される点にある。

書簡というスタイルでの哲学は，前 3 世紀のエピクロスが原子論哲学を弟子たちに伝えるために活用した。「ヘロドトス宛書簡」では原子論の要諦，「ピュトクレス宛書簡」では天体気象論，「メノイケウス宛書簡」では生き方の倫理を説いた。それらは特定の弟子に向けた形式で，エピクロス哲学を理解して暗記するために採用したスタイルであった。

9. 自伝での哲学：プラトン，マルクス・アウレリウス，アウグスティヌス

プラトンが書いたものとして古代から伝承された『第七書簡』は，前354年に盟友ディオンが暗殺された混乱の中で，シチリアにいるディオンの同志たちに宛てた形式で自身の立場を表明する書簡形式の哲学書である。その書簡ではまた，彼がシチリアの政治情勢にどう関わり，そこで自分の哲学理念をどう実現しようとして失敗したかが，若い頃からの経験と思索を振り返りながら語られる。現代では偽作の疑いもかけられる著作であるが，プラトンの自伝として重要な研究対象となっている。

前 353年頃に書かれたイソクラテスの『アンティドシス』も，自身がアテナイの法廷で訴えられているという設定で弁明を語る。それは，イソクラテス自身がこれまで辿ってきた経歴と弁論家としての教育理念，そして過去の弁論作品からの引用という形で自身の生涯と哲学を回顧的に語る書き物である。哲学が単なる学説ではなく哲学者の生き様である以上，それを明瞭に示すのは伝記であり，とりわけ自伝であった。

自伝は必ずしも包括的で回顧的である必要はない。おそらく戦場でのつかの間の休息時に思索と日々の感想を綴ったマルクス・アウレリウスの『自省録』は，ローマ皇帝として様々な状況に直面する哲学者の考えと生き様を示す限りで，自伝に共通する告白スタイルの哲学書である。

古代の末期にキリスト教の教えへの改心の経験を赤裸々に綴ったアウグスティヌスの『告白』は，哲学が神との対話であり，内面に超越する語りであることを十全に示している。そこでは，自伝の記述が哲学を遂行する言葉となったのである。

10. 書かない哲学者と伝記：ソクラテス，シノペのディオゲネス

古代世界で哲学者は必ずしも探究成果や教えを書き物にして残したわけではない。すでに見たソクラテスは，人々との対話こそ哲学の遂行であると考えて，何一つ書き残すことはなかった。だが，彼が交わした対話の言葉は，弟子たちが新たに「ソクラテス対話篇」という創作において甦(よみがえ)らせた。多数の対話を逸話形式で収めるクセノフォンの『ソクラテスの想い出』は，必ずしも文字通りのソクラテスの対話の記録ではないにしても，彼が日々交わしていた対話の姿や内容を思い起こさせる伝記的な作品であった。ローマ期にストア派哲学者エピクテトスも，ソクラテスと同様に何も書かなかったが，クセノフォンのソクラテス対話篇を模倣したアッリアノスによって言行録が残された。

ソクラテスの系譜にあるシノペのディオゲネスも，おそらく書き物を残すことなく，人々に向けて軽妙で辛辣な言葉を発して，実際の行動で自身の哲学を示し続けた。だが，その言動は「クレイア（有用なもの)」という多数の逸話や金言として伝えられ，ディオゲネス・ラエルティオス『哲学者列伝』などに収められている。「犬のディオゲネス」と呼ばれた哲学者のインパクトは，言葉そのものよりもその発言が聞き手に与えたショックにあり，私たちの生き方への通念をひっくり返す。言葉にもまして行動と生き方が彼の哲学であった。

ピュタゴラスも著作を書き残したかは不明であるが，彼の教えは口伝

で受け継がれ，ヘレニズム期からローマ期には多数の伝記が書かれて，超人的な逸話を伝えている。

懐疑主義の立場に立つ哲学者たちもまた，意図的に思索を書き残すことを避けた。思い込み（ドグマ）に囚(とら)われないことを目指した彼らは，自らの考えや批判を書き留めることすら思い込みになると警戒したのである。だが，ピュロンには弟子であるプレイウスのティモンが，カルネアデスには弟子クレイトマコスが，そして最終的にはセクストス・エンペイリコスが，彼らの言動や思考を書かれた言論として残すことになったのである。

現代の私たちは，哲学とは学説や理論体系であり，どんなスタイルで表現されようとも中身や真理値は変わらないと考えがちである。だが，古代ギリシアで哲学者たちが競争（アゴーン）を通じて新しいスタイルを開発し，対抗的に発展させたのは，スタイルこそが思索の方向と成果を決めるものであり，どのような言葉で書かれたかというスタイルから切り離して中立で無色透明の思想はありえないからであった。挑発する，対話する，告白する，論争する，客観的に記述するといった様々なスタイルは，それ自体が各人がどう思索を遂行しているかを示す哲学の現場なのである。

#まとめてみよう！　スタイルの違いと哲学の実質の関係

哲学を遂行する様々なスタイルについて整理し，それぞれの特徴と哲学内容との対応を考察しよう。また，それが古代以降の哲学にどのように受け継がれたか，新たなスタイルや廃れたスタイルはあるのかを調べてみよう。その考察を通じて現代の哲学のあり方を改めて見直す必要がある。

参考文献

逸身喜一郎『ギリシャ・ラテン文学 —韻文の系譜をたどる15章』，研究社，2018年

ヘロドトス『歴史』全3巻，松平千秋訳，岩波文庫，1971-1972年

Charles H. Kahn, The Art and Thought of Heraclitus, an edition of the fragments with translation and commentary, Cambridge University Press, 1979

ルクレーティウス『物の本質について』，樋口勝彦訳，岩波文庫，1961年

小池澄夫，瀬口昌久『書物誕生　ルクレティウス『事物の本性について』：愉しや，嵐の海に』，岩波書店，2020年

アンティポン，アンドキデス『弁論集』，高畠純夫訳，京都大学学術出版会，2002年

プラトン『饗宴』，中澤務訳，光文社古典新訳文庫，2013年

プラトン『パイドロス』，脇條靖弘訳，京都大学学術出版会，2018年

納富信留『プラトンとの哲学 —対話篇をよむ』，岩波新書，2015年

R.S.ブラック『プラトン入門』，内山勝利訳，岩波文庫，1992年（原著，1949年，プラトン『第七書簡』訳を含む）

キケロー『キケロー選集』全16巻，岩波書店，1999-2002年

イソクラテス『弁論集』全2巻，小池澄夫訳，京都大学学術出版会，1998-2002年

A.モミリアーノ『伝記文学の誕生』，柳沼重剛訳，東海大学出版会，1982年（原著，1971年）

イアンブリコス『ピュタゴラス伝』（補遺，ポルピュリオス『ピュタゴラス伝』），佐藤義尚訳，国文社，2000年；『ピタゴラス的生き方』，水地宗明訳，京都大学学術出版会，2011年

7　哲学史の筋⑤：神と人間の緊張

《神をめぐる問い》　神とは何であり，私たち人間とどう関わるのか？

私たちは人間をはるかに超越した神という存在を考えて，この世界や人間のあり方をそこから理解しようとした。では，神とは何であり，どのように思い描くべきか。神が隔絶した絶対的なものであれば人間とは直接の関わりをもつこともなく，彼らを知ることさえできないかもしれない。また，古代ギリシアでは神々は人間が作り上げた便宜にすぎないという見方も出された。キリスト教の広まりに先立って，古代社会では無神論から汎神論までが幅広く展開した。

1．神々の秩序：ホメロス，ヘシオドス

ギリシアの社会は，他の古代社会と同様に宗教儀式が政治と文化の中心にあり，同じ神々を信仰する共同体が古くからの神話を語り継いでいた。異なる出自の神々が混じり合った多神教のギリシア宗教では，祭司集団などの強力な宗教的権威は存在せず，神々と人間の関係と教訓を人々に伝えるのは詩人たちの役割であった。ギリシア神話は経典にあたる共通のテクストを持たなかったが，ホメロスとヘシオドスが語る神々の言動は人々に共有されて倫理規範を形作った。現代の私たちはギリシア・ローマ神話をロマンチックな物語として受け取りがちだが，古代社会では神々は信仰の対象であり，日常生活や政治に深く根付いていた。変身や恋愛などの神話は，とりわけローマ時代の詩人が作品化したことで西洋文学の主題になった。しかし，後代のキリスト教社会では宗教色

が取り除かれて読まれた点にも注意が必要である。

ギリシア神話では最初，ウラノスとガイアから世界の神々が生まれたが，ウラノスは息子クロノスによって主導権を奪われ，そのクロノスも息子ゼウスに追放される。そして２度の革命によって確立した３代目の支配が，私たちが生きる世界であり，ヘシオドス『神統記』はその系譜を示すことで，ゼウスの正義と支配の正統性を示していた。

ホメロス『イリアス』で，トロイア戦争においてトロイア方とアカイア（ギリシア）方に分かれた神々は，それぞれの贔屓（ひいき）を応援して入り乱れるが，ゼウスはその間で勝敗や英雄の運命を決する最終判断を司る。『オデュッセイア』でも，ポセイドン神の怒りを買って放浪するオデュッセウスの帰還を許すのは，アテナ女神の請願をうけたゼウスであった。オリュンポス12神が中心となる神々の秩序において，ゼウスは絶対的な権威と力を持ち，正義を司っていた。

多神教で人間的な逸話に彩られたギリシア宗教ではあったが，不死なる神々は死すべき人間から隔絶された絶対的な存在であり，その秩序と人間が為すべき倫理を最高神ゼウスが司っているという世界観は確固として受け継がれていた。

2．神々と自然：
タレス，アナクシマンドロス，アナクシメネス

タレスやアナクシマンドロスに始まるイオニアの探究は自然科学の起源とされ，ホメロスらの神話（ミュートス）から合理性（ロゴス）への移行と捉えられてきたが，彼らの世界観は決して神を排除しないどころか，その基盤には強力な形で神の理念を据えていた。

アリストテレスは「タレスは万物が神々で満ちていると考えた」と紹介し，魂が宇宙全体に混在していると考えていたと説明している。タレ

スは自然を無機的物質として扱っていたのではなく，生命を有し生きる宇宙として考えていたこと，そこに神々の存在を見ていたことが分かる。

アナクシマンドロスも始源である「無限」について，それが永遠で年をとらないと述べ，不死で不滅だと考えていた。ギリシア人は「不死」という表現を神に用いており，アナクシマンドロスもおそらく始源を「神的」と見なしていた。

さらに，アナクシメネスも始源としての空気が神であると述べたと言われている。この宇宙は神々に満ちており，宇宙自体が神である。空気からの変化で生じるものとは，過去，現在，未来の事物に加えて，神々と神的なものでもある。

ミレトスの哲学者たちが探究した自然とは，私たちが近代科学で想定する対象とは異なり，神と魂を宿した宇宙の全体であった。彼らの自然哲学は宗教と対立したりそれから離脱したりする思考ではなく，むしろ生ける自然の全体を神として捉える営みであった。一種の汎神論的自然観である。

3．神話批判：クセノファネス

神々について語るのは詩人，とりわけ叙事詩人の特権であった。だが詩人哲学者クセノファネスは，ホメロスやヘシオドスという権威に対して，神々についての語り方を厳しく批判した（筋④- 3 参照）。

私たちが親しんでいるギリシア神話にあるように，ホメロスやヘシオドスは神々の間で姦通や騙(だま)し合いや盗みが行われることを物語ったが，そういった素行は人間の間でも恥ずべきものであり，非難の的となるはずである。さらに，彼らが語り示す神々の姿も適当とは言えない。神々が人間と同様に生をうけ，人間のような衣装や声や身体を持つという見方は，人間の勝手な思い込みに過ぎない。クセノファネスは，牛であれば神を自分と同じ牛の姿形で描くであろうと詩で歌ったが，その想像は滑稽ながら厳しい揶揄（やゆ）となっている。実際，エチオピア人は彼らの神々を平鼻で肌が黒いと考え，トラキア人は目が青く髪が赤いと主張しているからである。神をどう語るかという問題意識は，それを語る詩人の言葉を根本から反省させる。

神の姿を擬人的に捉えてはならない。つまり，死すべき人間と不死なる神の間には決定的な差異がある。その批判と反省を経て，クセノファネスは自身が捉える神のあり方をこう語る。

> 一なる神が，神々と人間の中で最も偉大な者であり ／ 体躯（たいく）でも思惟（ノエーマ）でも，死すべき者どもに似てはいない。（DK 21 B 23＝LM XEN. D16）

ここでは他から超出する「一なる神」が提示されるが，その神もあくまで他の神々や人間を従える一者であり，最上級で語られるが，唯一の神，つまり一神教ではない。だが，その神からは人間的な属性が徹底的に取り除かれる。神は「全体として見，全体として思惟し，全体として聴く」（DK 21 B24＝LM XEN. D17）というあり方をするが，とりわけ「知性（ノオス）」の思考が，苦労なしに全てのものを動かすのである。他方で，その神自身は常に同じところに留まり，不動であり続けるという仕方で，ギリシア神話の神々とは似ても似つかない絶対的な存在とされる。この新たな神の見方は，クセノファネスに続くパルメニデスの「一あり」につながり，プラトンやアリストテレスの神概念を経て，キリスト教の一神教に道を開く。

4. 不可知論：プロタゴラス

ソフィストのプロタゴラスはアテナイに滞在していた折に，『神々について』という著作を発表したが，その冒頭の発言は大いに論争を巻き起こした。証言は様々に異なるが，およそ次のような文章であった。

> 神々について私は，あるとも，ないとも，姿形がどのようであるかも，知ることができない。これらの各々を私が知るには障害が多いから。その不明瞭さや，人間の生が短いこと。（DK 80 B4＝LM PROT. D10：ただし，本復元案は両資料集の復元と異なる）

プロタゴラスは一人称の「私は」という発言で，ギリシア人が伝統的に信奉してきた神々について，その存在も形態も知ることができないという不可知論を表明した。「神があるか，ないか」を問うこと自体も十分に挑戦的であるが，「神はいない」と断定する無神論は慎重に避けられ，「姿形がどのようであるか」というクセノファネスの発言への暗示が込められている。神々について人間は知を持てないという懐疑論は，クセノファネスが詩で語ったようにギリシア文化の基本にあったが（筋⑨-1参照），プロタゴラスはそれを「人間の」問題として一般的に断言したのである。神々にまつわる「不明瞭さ」とは，人間には知り得ない超越という意味と同時に，曖昧で信頼性のないものという否定的ニュアンスを帯びる。「人間の生は短い」とはいえ，それは人間が神々を気にしつつ生きる心配や束縛から解放される論拠ともなり，後にエピクロスが神々に対して取る態度を先取りしている（本筋-8参照）。

プロタゴラスは有名な「人間尺度説」の断片では，今日相対主義と見なされる立場を表明している（筋⑨-4参照）。懐疑論や不可知論と相対主義は認識論上は異なるが，プロタゴラスは鮮烈な問いを惹起(じゃっき)することで人間を世界の中心に位置づけ直し，旧来の神々中心の宇宙秩序から解放する新しい人間の哲学を提示したのである。

5．啓蒙主義の神論：プロディコス，クリティアス

ソフィストのプロディコスは，神々の存在がそもそも人間による創作が慣習化したものであると唱えるラディカルな宗教観を提起した。

プロタゴラスの弟子であったプロディコスは，人間生活に有益なものが神々とされたと語った最初の思想家であった。彼によれば，昔の人たちは太陽，月，川，泉や，概して私たち人間の生活に益をもたらす全てのものを，それらからの益のゆえに神々と見なしたが，それはエジプト人がナイル川を神としたことに典型的に見られる。同様に，パンは穀物の女神デメテル，ワインは酒の神ディオニュソス，水は海神ポセイドン，火は鍛冶の神ヘファイストスであると人々が考えたという。プロディコスは，宗教儀礼や「神々の観念」がそのようなものから人間に生じたと主張したのである。

プロディコスの主張は，プロタゴラスの不可知論にも増して過激で，宗教そのものの根底を揺るがす。神は存在しているだろうが人間には関わり得ないというプロタゴラスの問題提起も十分に反宗教的であるが，神々はそもそも存在せずに人間が都合で作り上げた創作物であるという啓蒙主義的な見方は，さらに強力な破壊力を秘めていたからである。

同様の見方はソフィストの影響を受けた政治家クリティアスの作とされる悲劇『シシュポス』の断片でも，登場人物の発言として表明されている。そこでは「神は立法者による正義や法律維持のための創作」と語られており，人為的な功利目的が一層直接的に示されていた。だが，人間に有用な自然物，発見物，発見者を神格化したという思想がプロディ

コスらのものだとして，それがどこまで徹底した宗教観となっていたのかは不明である。

6. 敬神の哲学：ソクラテス，プラトン，アリストテレス

前5世紀後半のソフィスト思潮では，プロタゴラスやプロディコスのように，伝統的な神々の理念や宗教に疑いの目を向ける啓蒙主義的な批判精神が強かったのに対して，同時代のソクラテスは神々を尊重する敬神の態度をとった。それらの情報を伝えるクセノフォンやプラトンの対話篇は，前399年に「不敬神」の罪状で裁判にかけられ評決で死刑となったソクラテスを擁護するために書かれた著作であるため，とりわけ神との関わりが強く打ち出されたのかもしれない。

ソクラテスに対する告訴状は，「ソクラテスは，ポリスの信ずる神々を信ぜず，別の新奇な神霊（ダイモーン）のようなものを導入することのゆえに，不正を犯している。また，若者を堕落させることのゆえに，不正を犯している」という文であった。普通の市民としてポリスの義務を果たしていたソクラテスにこのような神への不敬の罪が着せられたのは，ソフィスト的な進歩的知識人であると混同されたためと言われる。アリストファネスが前423年に上演した喜劇『雲』でソクラテスは，ソフィストとして学校で若者たちにいかがわしい詭弁の弁論術を教える教師として登場していた。空中を闊歩して雲の女神と対話するソクラテスは，「ゼウスなど存在しない」と言い放っている。そういった歪曲に対して，クセノフォンはソクラテスが常に神々のことを大切に考え，人間の知で及ばない事柄については神託などを伺う態度を取っていたと報告している。

プラトンは『ソクラテスの弁明』で，ソクラテスに対してデルフォイのアポロン神が下した神託の逸話を紹介し，ソクラテスが神の謎かけに

促されて人々の間で知の吟味を行ったことを物語る。「ソクラテスより知ある者はいない」という神託を受け，自身が不知であると自覚していたソクラテスはその言葉を謎として受け取って，社会で「知者である」とされる人々の元を訪れて彼らの知を吟味する対話を行った。その吟味を通じて，本当に知恵があるのは神のみであり，ソクラテスのように不知を自覚することがかろうじて人間に許された知であるとの認識に至った。そうして従事した哲学の営みこそ，神から授かった使命であると考えたのである。知を吟味する哲学が人々から憎まれることを覚悟の上で，魂を配慮してより善く生きるようにと勧告するソクラテスの生き方は，神を敬う態度そのものであるとプラトンは解したのである。

ソフィスト的な懐疑とは反対に，哲学の営みの根拠が神にあり，神による世界の秩序を理解してそれに従って生きることが哲学であるとする態度は，弟子のプラトンやその弟子アリストテレスに受け継がれる。プラトンは晩年の『法律』で，プロタゴラスの人間尺度説をもじって，「万物の尺度は神である」と語るが，それはプラトン哲学を支える基盤であった。アリストテレスも究極の原因である「不動の動者」を神と見なしており，哲学の中心には神の存在があった。彼らの神概念は，哲学者の神という伝統を作っていく。

7．無神論：メロスのディアゴラス，テオドロス，エウヘメロス

ポリスの神々を信仰し，折に触れて祭祀を執り行うことで神々に加護を願った古代ギリシア社会においても，神々の存在に疑いを抱き，それを公に表明する「無神論者（アテオス）」がいた。数名の名前と教えが今日に伝えられるが，彼らが生前に罰せられたとか迫害されたとかいう報告はない。少なくとも初期から古典期のギリシアでは，言論と思想の

自由は広く認められていて，宗教的な権威による統制もなかった。ソクラテスがかけられた不敬神の裁判は，むしろ政治的な色彩が強く，その罪状はきわめて曖昧なものであった。アテナイでの不敬神の罪状は，ペリクレスの政敵が導入したと言われ，アナクサゴラスやプロタゴラスもその裁判にかけられた，あるいは，かけられそうになったと伝えられる。それは，純粋に宗教や思想の問題ではなく，おそらく政治的意図による告発であった。

ソクラテスと同時代で有名だった無神論者に，メロス島出身の詩人ディアゴラスがいる。神の存在を否定したというディアゴラスは，その時代に無神論の代名詞となった。

その後も，ソクラテスの弟子アリスティッポスの流れを汲むキュレネ学派に属するテオドロスも「無神論者」として知られていた。また，前4世紀後半にメッシーナ出身でマケドニア王に仕えたエウヘメロスは，神話の神々は歴史上の英雄や権力者が神格化されて祀られたものだという説を唱えた。著書『聖なる歴史』では，ゼウスが元はクレタ島を支配した人間であったが，死後に神として崇められたという見方を，物語形式で表明した。それはプロディコスの宗教観に近いものであり「エウヘメリズム」の名で知られる。

だが，彼らの名前が盛んに論じられ批判されるようになるのは，宗教の影響が強くなるローマ期のことであり，とりわけキリスト教の論者からは厳しい非難が加えられた。その過程で，プロディコスやクリティアスに加えて，本来は無神論者とは言えないプロタゴラスやエピクロスの名前もリストに入れられ，定番の無神論批判が展開される。プロタゴラスは神々について知らないとは言ったが，存在を明瞭に否定はしていなかったし，原子論者エピクロスは至福の存在として神々を認めていたからである。だが，強い宗教的雰囲気の時代には，彼らは一括して神の存在を疑いに晒した反宗教的思想家とされたのである。

8．人間に関わらない神：エピクロス

原子と空虚のみで世界が成り立つと考える原子論では，それらを統御したり秩序づける神は想定されていないが，彼らも神々が存在しないという無神論の立場には立っておらず，神の存在を原子の一種として説明していた。

デモクリトスは，神々を原子からなる長命の理性的存在としながらも，原子論の正しい認識をもたない者は死をむやみに恐れて，死後について虚偽の神話をでっち上げると批判した。エピクロスはその発想を受け継ぎながら，神々についてより徹底した思索を展開した。彼は，私たち人間が神々による罰を恐れたり恩恵を希求することで心の平静が大きく損なわれていると指摘する。私たちが神々の何らかの表象をもっている限りで，それの元となる神々が実在してそれが因果的に私たちに像を与えていることは疑いない。だが，神々は永遠で至福な原子であり，人間のことなど何も気にしない自足した存在だと考えたのである。

エピクロスによれば，このような正しい原子論の認識をもつ限りで，私たちは神への恐れで心乱されることなく，迷信を排除して平穏に快く生きていくことができる。原子論の世界で神とは，存在はするにしても私たちとはまったく関わらない，いわば考慮する必要のない特別の存在者となったのである。

9．自然とロゴスである神：ストア派

キティオンのゼノンやクリュシッポスら初期ストア派は，全ては物体であるとしてイデア的な非感覚的存在を認めなかったが，それら物体の全体としての自然は「神」であると考えた。自然は宇宙的ロゴスであ

り，全ての事物を形成して動かす原理であり，とりわけ宇宙を一体化する力である。それらの諸概念が重なり合う「宇宙」は正しい理性として神そのものである。神が自然を超えるという宗教との対比で，神が自然そのものとして内在するというストア派の見方は，汎神論と呼ばれる。その神は，摂理によって万物のあり方を支配している。ストア派の神論は決定論・運命論を含意することから，人間の自由とは何かをめぐる議論をひき起こした。

ゼノン
〔ユニフォトプレス〕

物体論の立場をとったストア派哲学者たちが「神」の存在にこだわり，それを強く擁護したことは不思議に感じられるかもしれないが，彼らは人間の間に行き渡っている神々の信念をそのまま受け入れて，人間よりはるかに優れた生成の力は「神」に帰する他はないと考えていた。宇宙が秩序だった最善の世界であることも，宇宙がロゴスとして神そのものであるという神学をなす。他方で，ストア派の神論は，ゼウスを最上位に据えるオリュンポスの多神教で，それぞれの神が自然現象を司るとした点で，伝統的宗教への適応でもあった。

ゼノンの後を継いだクレアンテスは『ゼウス讃歌』という詩を作り，その小品は今日まで伝わっている。ストア派哲学者は，自然と摂理を伝統的なギリシアの神々の秩序として理解したのである。

10. 神との合一：プロティノス

ヘレニズム期からローマ期に入ると，社会と哲学の両方で宗教的な要素が強くなる。地中海の東方では紀元後にイエス・キリストによる教えが「キリスト教」として成立し，『新約聖書』がコイネー・ギリシア語で書かれて，使徒たちの布教によって次第に広まっていく。そこでは唯一神による愛の教えと終末論が説かれた。最初はローマ帝国で弾圧され，後に公認，国教化されて西洋の宗教となるキリスト教だが，この時代には他の新興宗教も多く起こり人々の関心を集めていた。また，キリスト教に先立っては，ユダヤ教でも聖典『旧約聖書』がアレクサンドリアでギリシア語に翻訳され，他にマニ教，ゾロアスター教，ミトラ教などもローマ世界に入ってきた。

ギリシア・ローマでは多神教が信奉されてきたが，哲学者たちの間では究極の超越者，一者を中心にする見方が強まる。プラトンの哲学をより徹底したプロティノスの新プラトン主義では，「一者」が知性と存在を超える超越者であり，それに向かって還帰することがプラトンに由来する哲学の目標である「神に似ること」として理解された。一者は「父なる神」と呼ばれ，私たち人間はそれを忘れて離反した状態にあると見なされる。

プロティノスの教えを受けた新プラトン主義では，イアンブリコスが神秘主義的な傾向を強め，とりわけ神働術（テウールギアー）において神的なものと人間が交わることが可能になると考えた。後5世紀のプロクロスは『神学綱要』で階層的な存在論の体系を論じ，第一の神である「一者」から可知的神々であるイデア存在，生命，そして知性への秩序を「神々の階層」において整備した。それはプラトンの議論を用いながらギリシアの伝統的神々を各階層に当てはめる試みで，ホメロスとヘシオドス以来のギリシア多神教の理論化として，同時代のキリスト教への対抗意識も窺(うかが)われる。

こうして伝統的なギリシア宗教から展開した「神」をめぐる古代哲学の思索は，キリスト教の普及によって終焉(しゅうえん)を迎え，中世のキリスト教哲学・神学へと受け継がれた。

#まとめてみよう！　神々への見方と哲学がどう関わるか

ギリシア宗教の伝統的な神々の見方が，神話的世界から哲学的批判を経てどのような立場で理論的に展開されたかを整理しよう。特に，一神教的な神学との関わりや，懐疑論や無神論との関係をまとめてみよう。

参考文献

F.M.コーンフォード『宗教から哲学へ ―ヨーロッパ的思惟の起源の研究』，廣川洋一訳，東海大学出版会，1987年（原著，1912年）

ヴァルター・ブルケルト『ギリシャの神話と儀礼』，橋本隆夫訳，リブロポート，1985年（原著，1979年）

R.S.コールドウエル『神々の誕生と深層心理 ―ヘシオドスの『神統記』とその周辺』，小笠原正薫訳，北樹出版，2013年（原著，1989年）

マーク・L・マックフェラン『ソクラテスの宗教』，米澤茂，脇條靖弘訳，法政大学出版局，2006年（原著，1999年）

ヴェルナー・イェーガー『ギリシャ哲學者の神學』，神沢惣一郎訳，早稲田大学出版部，1960年（原著，1947年）

井筒俊彦『神秘哲学　ギリシアの部』，光の書房，1949年（他複数の版）

プロティノス『プロティノス全集』全4巻+別巻，水地宗明，田之頭（たのがしら）安彦訳，中央公論社，1986-1988年

プロクロス『神学綱要』，田之頭安彦訳，「世界の名著：プロティノス，ポルピュリオス，プロクロス」，中央公論社，1976年

8 哲学史の筋⑥：魂への配慮

《魂についての問い》 自身としての魂にどう配慮するか？

私自身とは何か。この問いに古代ギリシア人は魂（プシューケー）という言葉で答えようとした。魂は肉体や欲望や感情とどう関わるか，生命の原理としての魂はどのような機能を担い，死後にはどうなるのか。こういった探究は魂に配慮して生きる倫理学を形作り，魂のあり方や働きをめぐる考察を通じて，魂論や生物学となった。魂は哲学の基本概念として，私たち人間が世界で生きていくあり方を全体として捉える場となったのである。

1. 多様な魂概念：ホメロス

人間とは何か，生きているとはどういうことか。これらの問いに対して古代の人々は「魂」にあたる言葉によって，それが宿ることで肉体が生きる何かだと考えた。魂の有無は生者と死者を区別する基準であり，生きて活動することは魂の働きである。しかし，魂は目に見えないものであり不明瞭であって，魂とは何かをめぐっては多様な考え方があった。

「魂とは何か」が容易に把握できないのは，まず「魂」という言葉そのものが多数あって，それぞれが異なる意味や機能を担っていた事態に由来し，叙事詩の語彙から裏付けられる。一人の英雄が思い悩んだり行動したりする折に，彼の中でいくつか異なった作用が生じて，時には対立し葛藤する様が描かれる。それは「魂」そのものが複数の異なる主体であるとの考えに基づいている。ホメロス時代のギリシア語には「魂」

を表しその機能に相当する単語が複数存在し，一定の含意をもって使い分けられていた。

ブルーノ・スネル『精神の発見』（1946年）第１章はその問題を提起して，「魂（プシューケー）」という単一の主体があると前提することは近現代からの見方であると論じた。人間を把握するためホメロスが用いる異なるニュアンスの多くの単語は，外面から機能へと意味を内在化させてできた言葉だと解釈する。

後に「肉体」を意味する「ソーマ」は「死体」だけを意味しており，生きた肉体は「四肢」という形で，いわばばらばらの要素として捉えられていた。魂についても，ホメロスの叙事詩で「プシューケー」という語の対象は，死後に身体を抜け出して冥界を飛び回る影のような存在に過ぎず，生きている間にどのような活動をしているかは不明であった。この語は「息を吐く」という動詞と語源的に関わることから，「人間に生気を与えるもの」と考えられていた。それとは別に「テューモス」は運動や興奮を引き起こすものであり，死後どうなるかは語られない。この語は，人間の意志や性格といった機能を主に表すものと考えられる。また，「ノオス」（アッティカ方言では「ヌース」）という語は，諸々の観念を受け入れる精神的な器官を指し，物を明瞭に見る精神の目のように捉えられている。スネルによれば，それらは一般的に異なったものとして扱われており，人間の魂という統一的な把握は与えられていない。

こういった複数の単語がそれぞれ独立の実体を表し，人間が一つの主体として捉えられていなかったというスネルの解釈は，その後批判的に検討されてきた。多くの論者はこの語彙の多様性を叙事詩特有の同義語の使い分けで説明しようとし，ホメロスの時代にも「魂」と呼ぶべき個人の同一性は何らかの仕方で存在したと主張する。だが，ソクラテスやプラトンやアリストテレスが「魂（プシューケー）」として論じる統一的主体がホメロスの叙事詩においては成立しておらず，むしろ複数の器官・機能・実体として認識されていたと考えるのは妥当であろう。

ホメロスにおける「魂」の多元的把握は，古代エジプトでの「魂」の語彙の多層性にも対応する。古代エジプトにおいて「魂」に相当する語彙は「カー，バー，イブ，シュト，レン，カイブト，アク」など多数あり，それぞれが異なった存在を表している。「カー」はもう一つの自己という「複」を意味し，「バー」は心魂を，「イブ」は心臓，「シュト」は影，「レン」は名前を表す。古代エジプトの人々は，それらを統一的な実体の多様な側面を意味するものとしてではなく，別の実体と見なして異なる文脈で語っていたのである。エジプトやメソポタミアの影響を強く受けていたホメロスの叙事詩は，おそらくそうした「魂」の多元的把握を反映していたのであろう。

2．魂への注目：ヘラクレイトス

タレスやアナクシマンドロスら，ミレトスの哲学者たちが「魂」という概念をどう論じたかは定かでないため，その言葉を使って議論した最初の哲学者はヘラクレイトスということになる。

> 君は，あらゆる途ゆきを辿（たど）っても，魂の限界を見出せないであろう。それ程深い言葉（ロゴス）をそれ［魂］は持っている。(DK 22 B45＝LM HER. D98)

自分の魂を問い極める探究の困難，あるいは不可能性は，もう一つの謎めいた断章と呼応する。「私は私自身を探し求めた」(DK 22 B101＝LM HER. D36)。ギリシア語で 2 語からなるこの断章はアオリストの過去形で語られ，探究したという事実のみが告げられる。それが完了したのか，成功したのか，何が見出されたのかは示されない。自分自身を問う哲学はヘラクレイトスに始まる。そして「自分自身を増大させる言葉は，魂に属する」と言う。魂は一つの事物として自然の法則に従う。

> 魂にとって死とは水になること。水にとって死とは土になること。土から水が生じ，水から魂が生じる。（DK 22 B36＝LM HER. D 100）

魂は乾いた本質をもち，湿ると快楽を感じるが思考が鈍り，さらに水化が進むと死に至る。「乾いた」という特性はヘラクレイトスが重視した「火」に通じるが，光線のような乾いた魂が最も賢く優れているという。魂のあり方は乾湿という状態でコントロールされる。酒に酔った大人は，どこにいるかも分からずに，よろめいて子供に導かれる。それは「湿った魂」だからである。魂は気化した物質であり絶えず流動する。

こうして，人間の魂が万物の生成とつり合って存在する様が，ヘラクレイトスの世界観として描かれる。

3．魂の輪廻転生：ピュタゴラス

南イタリアに共同体を開いたピュタゴラスは，魂は異なる生き物に生まれ変わるという輪廻転生を唱え，自らの転生の来歴を記憶している超人と言われた。数々の奇跡を起こしたという伝説が広く知られ，シャーマン的な宗教指導者として「魂」に関わる教えを与えた。

もともとギリシア人は魂が別の生物に生まれ変わるとは考えておらず，ホメロスの叙事詩では死んだ人間の魂は，冥府（ハデス）に赴いて生気なくそこで過ごすと語られている。その背景からは，魂の輪廻転生というピュタゴラスの考えはきわめて異質であり，その考えは東方由来と推定されている。ヘロドトスもエジプトの宗教を紹介する一節で，おそらくピュタゴラスを念頭に置いた記述をしているが，魂の転生，特にピュタゴラス派が考えた他の動物への生まれ変わりという発想はエジプトにはなかった。

輪廻転生というピュタゴラスの教えは，エンペドクレスからプラトンに受け継がれて，ギリシアの中心的な魂論の一つとなる。

4．魂の浄化：エンペドクレス

ピュタゴラス派の教説は基本的に口外が禁じられており，後世の伝記などで脚色を加えて伝えられたが，前 5 世紀半ばにはエンペドクレスが『浄め（カタルモイ）』という詩でその教えに基づく魂論を語っている。

エンペドクレスもその一員であるダイモーン（神霊）は，犯した罪ゆえに罰として輪廻転生を定められている。ダイモーンはどれほど長命であっても合成された存在である以上不滅ではない。穢れた者が辿るべき転生は，空中にいる鳥から海中の魚へ，大地の植物，火の中に生きる火トカゲなどに繰り返される。それは「争い（ネイコス）」がもたらす分離状態における火，空気，水，土という四根の循環である（筋 ①- 5 参照）。彷徨うべきは 3 万回の季節，1 万年とされている。

エンペドクレス自身もかつては少年少女や植物や鳥や魚であったという言葉を残している。だが，ダイモーンは見知らぬ肉体を纏わされ，洞窟のようなこの世界に追放されてやってきた。争いが支配するこの世界では殺害や怒りや死が蔓延し，死すべき者の変転の悲惨さをめぐる嘆きが繰り返される。

この争いの世界においてエンペドクレスは，争いの神アレスや王ゼウスの代わりに愛の女神を崇拝する。神に対する犠牲として牛を殺害することは穢れとして批判する。犠牲獣を食べる行為は愚かにも親や子など身内を知らずに食べる過ちであり，肉食の禁忌(きんき)という法（ノモス）は全ての生き物の殺生に及ぶからである。エンペドクレスはかつて自ら「肉食という残酷な行い」に手を染めたことを嘆く。こうした邪悪な行いや異性との性交渉を遠ざけることは浄化となる。エンペドクレスは禁忌と修練を示すことでダイモーンの変容と浄化を語る。

浄い思考への集中により人間の中で「知恵」について傑出した者が生まれる。修練を経た者は，抜きん出て尊敬されて地上の人間たちの先導者になる。そうしてその人間は神に近づき，他の不死なる者と竈(かまど)を共にし，「同じ食卓につき」人々の苦しみに与(あずか)ることなく，損なわれずにあるという段階が目指される。エンペドクレスが自らを「不死なる神」と呼ぶことになるのはこの前提による。エンペドクレスにとって神と人間の区別は，長命や幸福の程度という違いに過ぎず，植物，動物と人間の区別も生の形の違いに過ぎない。

清浄な修練によって思考を獲得した者は，世界のあり方である四根の存在を認識する。存在を思考で捉え眺めることで，宇宙と共にあるあり方が実現する。四根の存在から成長（フュシス）してそれを認識する思考者のあり方に至った者は，永久の生命を享受する。人間が繰り返す転生において，浄化により神のごとき純粋なあり方に至ることは，知，即ち四根という不死なる存在の認識に達することなのである。

5．魂への配慮：ソクラテス

ソクラテスは対話を通じた知の吟味を「魂への配慮」と呼んだ。「魂」を語った哲学者はそれ以前にも多くいたが，これを哲学の営みの中心に据えたのはソクラテスである。

ソクラテスは自身の哲学の使命を，魂の善きあり方を配慮すること，それを人々に勧告し続けることだとした。プラトン『ソクラテスの弁明』で，ソクラテスはアテナイの裁判員たちにこう呼びかける。

ソクラテス
〔ユニフォトプレス〕

> 世にも優れた人よ。あなたは，知恵においても力においても最も偉大で最も評判の高いこのポリス・アテナイの人でありながら，恥ずかしくないのですか。金銭ができるだけ多くなるようにと配慮し，評判や名誉に配慮しながら，思慮や真理や，魂というものができるだけ善くなるようにと配慮せず，考慮もしないとは。（プラトン『ソクラテスの弁明』29D-E）

ソクラテスの関心は生き方の吟味にあり，「善く生きること」に向けられた。そこで善さを実現するのが「魂」であった。それゆえ，ソクラテスは魂の自然学的な構成や心理学的な説明には関心を寄せずに，私たち自身のあり方としての魂と，魂の善さとしての徳にのみ注意を向けた。

魂の「徳」を知というあり方に求め，とりわけ自分の「知らない」というあり方を自覚することを目指したソクラテスは，その徹底性ゆえに数々の逆説的な主張を唱えることになった。まず，「進んで悪を行う者はいない」という立場とそれに基づくアクラシアー（意志の弱さ，無抑制）の否定がある。人は誰もが善と幸福を望んでおり，結果として悪を行ったり目指してしまう者は無知ゆえ，つまり不本意にそうするに過ぎない。また，「善き者には悪しきことは起こらない」という主張は，ソクラテス倫理の基本であり，法廷でソクラテス自身が毅然として示した態度である。たとえ死刑を受けようとも，正しい言論を主張して正しい態度をとることが幸福なのであり，不正に加えられる危害は何の損害ももたらさないと考えたからである。つまり，正しく善い生き方をする限り，偶然や外的な出来事によってその人の善さ，つまり幸福が損なわれることは決してない。ソクラテスにとって最重要なのは，魂がどうあるかを配慮する生き方であった。

さらに，「不正を行うよりも，不正を被る方がより善い」という逆説も同様に説明される。不正が悪である以上，それを自ら行う者はなく（行うとすれば無知ゆえ），やむを得ない場合は悪がより少ない方を選ぶはずである。不正を被るとしても，正しく善き人には悪は決して生じない。さらに，「不正を犯した者は，罰を免れるより受ける方が善い」。劣悪になった魂を矯正してより善いものにするのが刑罰だからである。これらの逆説は，正しさこそが魂の善きあり方であり，不正はそれが損なわれた状態であるという理解に基づいている。こういった徹底した倫理は，ヘレニズム期からローマ期のストア派に直接に受け継がれていく。

ソクラテスは，魂について理論や体系的説明を与えることには無関心で，問いかけ答えながら対話することで一人ひとりの魂ができるだけ善くなるように配慮していた。ソクラテスはその生を貫いて刑死したが，次世代にとって生き方のモデルとなり，プラトンやアンティステネスやイソクラテスら弟子たちが「魂への配慮」という哲学を発展させる。

6．魂の3部分説：プラトン

プラトンの総合的な哲学には複数の背景があるが，師ソクラテスが対話を通じて促した「魂への配慮」はその基盤をなしていた。日常に囚（とら）われて生きている金銭や名誉や肉体からできるだけ離れ，「自分自身」というべき「魂」に配慮を向けて，それができるだけ善くなるように思慮や真理を気遣って生きることが，プラトンがソクラテスから受け継いだ哲学の目標であった。

プラトンはそこで肉体が関わる感覚的な事物とは別に，イデアが真に存在し，魂，とりわけその「目」と言われる知性（ヌース）が直接その地平に関わると考えた。イデアを捉える叡智は肉体的な関わりによって曇らされ阻害されるため，魂をできるだけ肉体から離存させ，それ自体で純粋なあり方をすること，つまり浄化が必要とされた。それは「死の訓練」とも呼ばれるもので，魂は浄化の訓練において，生まれる以前にすでに見知っていたイデアを想起することになる。一旦肉体に入った魂はそれらを忘却し，肉体に囚われる限りは，混雑した「あり，かつ，ない」事態に振り回されて，それら真の実在が目に入らないからである。感覚の対象からイデアへと魂の目を向けかえること，それがプラトンのイデア論であった。

こうしてプラトンはソクラテス的な徹底した立場から，哲学者の魂は不死で永遠に関わるあり方の実現を目指すと考えたが，他方で，人間として生きる限りは巻き込まれざるを得ない側面にも考察を向けた。それが「魂の 3 部分説」と呼ばれる捉え方である。魂には知性と並んで欲望があり，飲食や性欲や金銭欲を司る。そしてそれらの中間には気概があり憤りを特性とするが，気概は欲望になびいてそれを促すこともあれば，知性に従って欲望を抑制することもある。知性が全体をどうコントロールするかという調和と合理性で，魂の善し悪しが決まるのである。

ソクラテスが「徳は知である」とすることで，人間の全ての悪事は無知によるもので，進んで悪を行う者はないとしたのに対して，プラトンは無抑制（アクラシアー）の行為を魂における部分間の葛藤として説明しようとした。だが，そこでも，知性だけが人間の魂にありながら神的で永遠に関わるものであるとの基本認識は変わらなかった。

プラトンはまた，宇宙全体が魂をもつ生き物であると考え，宇宙魂が「ある，同，異」という要素から数的比で混ぜ合わされたものとした(筋①-8参照)。人間の魂はその宇宙魂の制作で残った素材から混ぜ合わされたものである。それゆえ，人間の知性は宇宙の秩序を把握できるのであり，できるだけ天界の円環的な完全運動を模倣することで合理性を実現すべきだと考えた。

後期対話篇では「魂」は「自らを動かす始まり」と定義される。他のものによって動かされる事物の世界で，魂はその原理とされたのである。

7．生物原理としての魂：アリストテレス

生物と無生物を分ける基準は，生命の原理である「魂（プシューケー)」を有するか否かにある。アリストテレス『魂について（デ・アニマ)』の「魂」概念がデカルト以来の「心」と根本的に異なるのは，その生命活動という射程にある。生きることを司る魂にはいくつかの基本的な働きがあり，その種別によって生物の種類が分かれる。栄養摂取と生殖の機能は全ての生物に共有されるが，とりわけ植物はこれらだけを有することから，その働きは「植物的魂」とされる。それに加えて，苦である危険から逃避し快である食餌を探し求めるために，感覚と運動の機能を備えたのが動物であり，その働きが「動物的魂」である。個別感覚には視覚，聴覚，嗅覚，味覚，触覚の5つがあり，それらに共通する感覚を認める場面もある。両者に加えて「知性（ヌース)」を備えたのが人間の魂であるが，知性と感覚にまたがる「表象（ファンタシアー)」の働きには一部の動物も与っている。

魂と身体はいわば形相と質料の関係にあたる。魂は「可能的に生命を持つ自然的物体の，第一の終極実現態（エンテレケイアー)」と定義される。この定義は，魂と肉体が一体であることを示し，プラトン的な魂

と肉体の分離に明確に反対する考えである。生物の身体（ソーマ）は単なる物体（ソーマ）とは異なり，魂を宿して生きる可能態である。火や空気や水や土という基本物体から構成される同質部分（肉，血，骨等）と非同質部分（顔，手等）から成る物体を身体にするのは，形相であり現実態である魂である。それゆえ，生物の手は生きている時に身体の一部としては有機体の機能を果たすが，切り離されたり死んだりすると「手」と呼ばれても生命を宿さない物体に過ぎず，同語異義（ホモーニュマ）と見なされる。

アリストテレスの基本的な魂論は反プラトン的で，魂の不死や輪廻転生は認めないものであったが，「知性」についての考察ではその限界とそこからの超出が示唆される。人間が与る知性はあらゆるものを受け入れて認識するという可能性を特性とするが，その受動性を動かす能動的な知性は肉体のどこにもない。作用を受ける受動的知性は肉体とともに滅びるが，作用する知性は肉体から離在し，作用を受けず，混交せず純粋で，本質的なあり方において活動の実現状態にある。それゆえその知性は不死で永遠であるとされるが，この結論はプラトンの魂論に再び近づいている。

知性をめぐる理論は，『魂について』第3巻ではまだ未完成の示唆に留まっていたが，古代後期から中世の西欧とイスラームの哲学者たちによって「受動理性，能動理性」と呼ばれる理論として大きな展開を見せる。

8. 原子の構成体としての魂：エピクロス

ヘレニズム期の哲学諸学派は，公共の政治的関心よりも個人の心の平静に集中する共通の傾向をもっていた（筋②-6，②-7，②-10参照）。その中で，エピクロス派は原子論の真理を理解することで心の不安を取り除き，魂の無動揺に至って苦痛のない快楽の幸福を得ることを目指した。

原子論の世界では魂も原子から成り立っているが，それは身体を構成する諸原子に作用を及ぼして生命活動をさせるような諸原子である。魂はきわめて微細な部分をもつ原子として身体の全体に行き渡っており，その構成原子は球体で思考の速度で動く。ルクレティウスの説明によれば，魂とは息（プネウマ）と火と空気と名のない第4の原子の混合によって構成されている単一の物体である。

エピクロスは感覚だけでなく，思考や想像や記憶や意志といった精神作用を全て物体の働きで説明した。魂はまず身体において物体の因果作用から感覚を受けるが，理知的な部分は身体全体に分散している精神作用である。だが，魂も物体的であることに変わりはなく，物体からの打撃によって混乱したり衰えたりして，肉体の死とともに四散する。肉体から分離した魂の諸原子はそれ自体では一切の感覚も認識もしない。それゆえ「死は私たちにとって何ものでもない」という有名な教説が示される。そうして死への恐れや不安を理性的に取り除くことが，苦痛のない幸せな生をもたらしてくれるのである。

9．理性的魂の振幅：ストア派

ストア派の魂論は，プラトンのように魂に異なる部分があるとは認めず，人間の統轄的部分である魂の全体が理性的（ロギコス）であるという単一説をとる。だが，魂には非理性的な振る舞いもあり，本来理性的である統轄的部分に，異なる緊張状態に応じて異なる程度の理性を認めることで，情動（パトス）と呼ばれる状態が生じる。つまり，同じ一つのロゴスが劣悪な方向に進むことで，その変化が情動となって理性と対立するのである。この説明は，心の中での葛藤を異なる部分の対立として説明するプラトンとは異なるタイプの魂論である。

情動が非本来的な魂のあり方であるとすると，そのような情動から解放され自由になった魂の状態こそが幸福であることになる。ストア派が理想とする知者は，怒りや心配や貪欲や恐怖や傲慢といったあらゆる極端な情動から自由であり，それらによって魂が過度に動かされることはない。そのように，行動にあたってとられる感情に関わる落ち着いた態度が，徳を備えた優れたあり方と見なされた。

ストア派は魂も物体だと見なしており，従って，魂と身体は 2 つの別の実体ではなく，形相と質料のように 1 体のものの 2 つの側面であり，両者は混合というあり方で結びついていた。この点はアリストテレスの魂論に近い。そういった心身結合は，宇宙における物体とプネウマとの関係と同様である。宇宙はロゴスをもつ生きた自然の統一体であり，それゆえ神とも呼ばれたのである（筋 ⑤- 9 参照）。

10．宇宙魂と人間の魂：プロティノス

一者から発出して知性が生じ，そこから宇宙魂が発出するとしたプロティノスの原理の体系では（筋 ③-10参照），プラトンがイデアと場（コーラー）を想定したような二元的な対立はなく，質料的なものはその都度形相に依拠して現れるものであり，その限りで「魂が身体のうちにある」というより「身体が魂のうちにある」とされる。

プラトン『ティマイオス』に従い，プロティノスは，宇宙魂と私たちの個別の魂は同じ根源から発したものであり，宇宙魂は宇宙身体を統御して間接的に感覚世界に関わっているとした。だがプロティノスは，物体まで降下していく自然の階層的秩序において，理性をもたない植物や大地も含め，全てのものが観想の活動にあるという驚くべき説を唱える。それが，生物や自然物が魂によって生きており，それぞれが活動す

る中で「共感（シュンパテイア）」するという宇宙秩序なのである。

しかし，魂は知性から派生し，その根源を忘却したあり方であり，「自己とは何か」に背を向けた状態にある。その起源を認識させて想起によって知性とイデアへ，そして一者へと還帰することが魂の目指すべきあり方であった。知性界と感覚界という 2 つの世界にまたがって生きる「両生類的」な存在である私たちの魂は，本来の自分自身へと超越することで「内なる人間」に戻り，「神に似ること」という生の目標に向けてダイナミックに変容する。それは，プラトンがイデア論で求めた魂の変容をさらに突き詰めたものであり，一者との合一を目指す魂の訓練が哲学となる。

#まとめてみよう！　**魂がどのように哲学の問題となったか？**

私たちが「自分自身」として捉える「魂」がギリシア哲学においてどのように概念化され，それをめぐってどのような問題が論じられたのかを検討しよう。とりわけ，身体との関係，自然や宇宙との関係，知性の位置づけの整理が必要である。その中で，魂は他の物体とどう異なるか，どう関わるか，そして魂は不滅かという論点で，各哲学説を比べよう。

参考文献

B. スネル『精神の発見 ―ギリシア人におけるヨーロッパ的思考の発生に関する研究』，新井靖一訳，創文社，1974年（原著，1946年）

ロザリー・デイヴィッド『古代エジプト人 ―その神々と生活』，近藤二郎訳，筑摩書房，1986年（原著，1982年）

木原志乃『流転のロゴス ―ヘラクレイトスとギリシア医学』，昭和堂，2010年

瀬口昌久『魂と世界 ―プラトンの反二元論的世界像』，京都大学学術出版会，2002年

アリストテレス『魂について』，中畑正志訳，岩波書店「アリストテレス全集７」，2014年

中畑正志『魂の変容 ―心的基礎概念の歴史的構成』，岩波書店，2011年

神崎繁『魂（アニマ）への態度 ―古代から現代まで』，岩波書店，2008年

岡野利津子『プロティノスの認識論 ―一なるものからの分化・展開』，知泉書館，2008年

9　哲学史の筋 ⑦：「ある」をめぐる形而上学

《「ある」への問い》「ある」，そして「ない」とはどういうことか？
私たちが自明に受け取っている「ある」という事態に注目して改めて問いを向けると，世界の根源に関わる難問に直面する。そもそも「ある」があるとして，決して「ない」ではないとしたら，何かが生じたり変化して「なる」ことも不可能となる。この問いに突き当たった哲学者たちは「ある」を捉え直すことで世界との関わりを回復しようとした。パルメニデスが発した「ある」の真理の衝撃に対して，哲学者たちは異なる提案で応じて存在論と新たな自然学を展開したのである。

1．「ある」への問い：パルメニデス

ギリシアの哲学においてまず問題となったのは，万物の始源と生成消滅，そして生き方の倫理であったが，さらにその根源に目を向けて「ある」という事柄について問い，そこで時間を超えた存在そのものの地平に目を向けたのがパルメニデスである。「万物は水である，空気である」と語られる際の「ある」は，それ自体では問われてはこなかった。「何があるのか，それらはどうあるのか」ではなく，「そもそも〈ある〉とはどういうことか」を問う視点は，新しい問いとして哲学に衝撃を与えた。

パルメニデスの叙事詩で，女神は「真理」として探究の道を２つ提示する（筋 ④-５参照）。一方は，「ある」そして「ないは，ない」とする真理の道であり，他方は，「ない」そして「ないは必然である」という辿(たど)

り得ない道である。「ない」は思考することも語ることもできない。その理由は，思考する対象は「ある」ということが必然だからである。

パルメニデス
〔ユニフォトプレス〕

「ある estin（不定詞 einai）」という動詞は，通常は主語と補語を伴って「SはPである」，あるいは「Sがある（存在する）」と語られる。だが，女神が端的に「ある」と語って主語や補語を示さないことは，私たちの日常の言語としては意味をなさない。それゆえ，現代の解釈者はそこに隠れた主語として「万物，在るもの，一者，それ」といった候補を示してきたが，ここで問題となるのは主語なしに提示される「ある」そのものである。様々な事柄に「ある」が語り得るためには，端的に「ある」が成立していなければならないからである。

ところが，私たち死すべき人間は「あるとない」を混同して，あたかもあるものがなかったり，ないものがあったりと思いながら世界を生きている。私たちが感覚を通じて捉える世界は，同じものが「美しくある，美しくない」の両方をもつといった相反する現れにあり，思い込み（ドクサ）によるでっち上げに過ぎない。女神は，まずは言論で吟味して「ある」の道を探究するようにと促す。

「ある」をそれ自体で認める真理の道には1つの筋だけがあり，「不生，不滅，全体，単独，不動，完全」の6つの徴(しるし)で示される。だが，もしこれが正しければ，「ある」は生成も消滅も変化もすることなく，部分をもつことも多数の事物であることもなく，過去や未来という時間の広がりをもつこともない。「ある」がなくなる消滅も，ないものから「ある」になる生成も不可能である。「ない」はそもそも思考すらできないものだからである。そして一つが同じ全体として「ある」以上，多くの異なるものがあることも認められない。

そういった「ある」の把握は，もし理論的には正しくても，私たち人間には想像すらできないかもしれない。だが，それこそが言論の道筋が示すものであり，真理である。こうしてパルメニデスが神の視点から人間に示した「ある」は，私たちが当然と思っている感覚と思い込みの世界を破砕して，根元から考え直させる衝撃となったのである。

2.「ある」の一元論：エレアのゼノン，メリッソス

パルメニデスが提起した「あるは，ある。ないは，ない」という原理に対して，同郷のゼノンやサモス出身のメリッソスは，それを擁護し，補強する議論を展開した。

ゼノンはパルメニデスの立場を逆の方向から議論する。パルメニデスの「ある」は一つの全体であることから，まず仮に「多くの事物がある」とする多元論者の前提に立って，それが孕(はら)む矛盾を導出することで，背理法によって「一だけがある」ことを示す。また，「ある」は生成も変化もしないことを示すために，仮に「運動がある」という前提に立って，そこから矛盾を導いて最初の前提を否定した。それらは「ある」の性格を積極的に示すものではなかったが，逆に私たちが自明視している事物の多数性や運動変化という概念がもつ根源的な困難を示すという役割を果たしたのである。

メリッソスはイオニア自然学を背景に，パルメニデスの原理を擁護する論証を行う。彼は散文で書いた論文で，8段階で論証を進めていた。第1に，メリッソスの著書はこう始まっていた。

何であれあったものは，常にあったし，常にあるだろう。というの

> は，もし生じたとしたら，生じる前に何もなかったことが必然である。だが，もし何もなかったら，無から何も生じることは決してありえないからである。(DK 30 B1 = LM MEL. D2a)

「ある」はこうして「常に」という永遠性に与(あずか)り，過去と未来にも及ぶ。

第 2 に，「ある」は無限である。生じることの否定は始まりの否定であり，消滅することの否定は終わりの否定である。「常にある」という仕方で始まりと終わりで限定されていないものは，従って無限である。その理由をメリッソスは，「何か全てとしてあるのではないものが，常にあることは不可能だから」とする。さらに，「常にあるように，そのように大きさの点でも常に無限であるのが必然である」という推論を加える。つまり，「いつか生じた」が時間的な限定をもつのに対して，「常にある」は無限性をもつが，その場合の限定である「始まり，終わり」は永遠と無限の否定でもあるので，空間的な限定も同様に否定されるという議論である。この議論は現代の解釈者から，時間と空間というカテゴリー間の錯誤として批判されるが，メリッソスはむしろ「ある」に時間と空間という区別を立てて論じることをせず，「無限」というあり方が「ある」の全側面に当てはまると考えたようである。

第 3 に，メリッソスは「無限」から「一」を次のように推論した。もし一でなかったなら，別のものに対して何かの限定があるだろう。他方，もし無限であるのなら一であろう。というのは，もし二であったら無限であることは不可能であり，相互に限定をもっていたはずだから。つまり，二つの物があればその両者の間に限定が入っているが，一つしかなければ限定は生じないという論理である。

パルメニデスは全体を一つに縛る限定において「ある」が成立すると考え，限定のうちにある完全な球形という考えを提示した。メリッソスはそれとは正反対に，無限を「一である」の根拠とした。この論点によってメリッソスは「一である」の存在一元論を打ち立てたが，パルメニデス自身は必ずしも「一」という特徴を前面に打ち出しておらず，メリッソスがパルメニデスとは異なる独自の存在論を打ち出していたことが分かる。

メリッソスはさらに，「ある」は第４に「あらゆる点で自身に似ている」ものであり，第５に「場所の運動がない，不動」であり，第６に「消滅や増大」もなく，第７に「秩序の変化」もなく，第８に「苦痛を感じること，悲しむこと」もないと論証していった。これらの議論を通じて「あるものが多である」ことを退ける一元論を提出したのである。

3．四根と愛・争い：エンペドクレス

パルメニデスの「ある」に対しては，自然の生成変化を認めるために批判的な議論が何通りかで提示された。そのうち，「全体が一である」という前提だけを否定しつつ，「ある」が不変で絶対的なものであるという原理を認める自然多元論者が，アナクサゴラス，エンペドクレス，原子論者であった。彼らに共通するのは，日常で「生成する，消滅する」と言われている事態は，実は永遠不変の存在者が「結合する，分離する」という変化を誤って表現したものに他ならないという見方である。真にある存在は生成も消滅もせず，永遠に存在する。他方で「ない」については，エンペドクレスとアナクサゴラスは空虚を認めずに「あるは，ある。ないは，ない」の原則を維持したが，デモクリトスら原子論者は「ないも，あるに劣らずに，ある」という主張によって「ない」ものとしての空虚を認めた。その上で，それぞれ何を基本の存在者とするか，およびそれらがどう結合や分離するかの仕組みで，異なる提案をした。

エンペドクレスは『自然について』で，全ての変化は混合と交換に他ならないとして，宇宙の円環的な生成変化を4段階で説明した（筋①-5参照）。その世界で「あるもの」は「火，空気，水，土」の四根であるが，それらは互いに転化はせず，永遠に不変であり続ける存在者であった。

あえて多彩なイメージを用いた叙事詩の語りは，それら存在者が通常の物質名では捉えきれず，神としての性格を有することを示している。エンペドクレスは土や水や空気や火を「神，ダイモーン」とする見方を，イオニア自然学から受け継いでいた。四根は平等で均衡にあるが，火は働きかける力であり，空気は最初に分離して火に固められるというように，それぞれが異なる性格と役割をもつ。それらが混合され分離されてこの世界の全ての事象が成り立っている。

四根に加えて，それらを混合と分離する2者「愛（フィリエー）」と「争い（ネイコス）」が導入される。「愛」は「アフロディテ，ハルモニエー（調和）」とも呼ばれ，戦の神アレスと結びついた憎しみをもつ「争い」とは相反する働きを司る。愛と争いは過去にあったし，未来にもあり続ける永遠の存在であり，万物の一部として四根と並んで世界の特定の場に存在する。この世界の死すべき事物は四根の愛による調和と争いによる分解で生成消滅する。こうして計6つの存在によって構成される宇宙は，パルメニデスの原理に一部依拠しながら，それが否定した事物の生成変化を説明したものである。

4．万物混合の存在論：アナクサゴラス

アナクサゴラスの著作『自然について』は，「物は全て一緒であった。嵩（かさ）でも小ささでも無限であった」（DK 59 B1＝LM ANAXAG. D9）という言葉で始まっていた。この説明は宇宙の生成が始まる以前の混沌（カ

オス）の状態を表しており，宇宙は大きさで無限，つまり無限の空間に物が充満している状態であった。全ての物が一緒に混じり合った状態は，「全て一緒」という語でパルメニデスに応答しつつ，その原初状態から次第に現在の宇宙が生じてきた様を論じる（筋 ①- 6 参照）。アナクサゴラスは，事物が以前から全て存在しており現在も未来もあり続けるとする。それは，全てがより多くもより少なくもならず，常に等しくあることでもある。

他方で，「小ささでも無限であった」という説明でアナクサゴラスは，小さな部分に分け入ってもそこでもやはり全ての物が混じっており，決して究極の純粋状態には至らないという突拍子もない考えを提示する。無限に分割していっても最終の純粋部分を抽出することができないという存在論は，再度パルメニデスの原理に依拠して説明される。分割を続けても決して無にならないのは，「あるものが，ないものであり得ないから」である。どの部分にもさらにそれらの部分が含まれており，単一な存在者，例えば分割不能な原子や純粋な物質に至ることはない。この万物内在的な存在論は，現代分析形而上学で「ガンク」（D. ルイス）と呼ばれる存在身分にきわめて似ている。小さい方向に進んでも無限に部分にはその部分が含まれる，というガンク状態が続く。だが，アナクサゴラスは反対に大きい方向にも同様の状態が無限に進むことを主張していた。

「全ての物の中に全ての物の分け前がある」という万物内在は「混合」と呼ばれ，異なる事物の並在状態が重層的に大小どちらの方向にも無限に続くあり方であった。全ての中に全てが入っている完全な混合状態では，どこでもそれが何であるかは絶対的には決まらない。どの部分をとっても一つの物体が純粋に取り出されることはないが，そこで何かが優勢を占める場合にその特定の物として捉えられる。

そうして最初からずっとあり続ける存在者は，数においては無限にあるが，種類は有限であった。即ち，「湿と乾，熱と冷，明と暗」などの反対者と，生命の構造をもたらす「種子」に限られる。それらは具体的な事物であり，個別の性質としてそれぞれが力能をもつ。通常は物の性質とされる反対者がそれ自体で存在者として認められる点も，アナクサゴラス存在論の特徴である。つまり，冷たいや熱いは何かに伴う属性ではなく，「冷，熱」がそれ自体で物として存在するのである。

アナクサゴラスの自然学は，万物が混合する原初の混沌状態からこの宇宙が生じてきた成り立ちを説明するのに，「全ての物」と区別される特別な存在として「知性（ヌース）」を持ち出す。全てが混じり合う不分明な物の世界で，知性のみが完全に純粋で他とは混じらない「無限で，自己支配的な」存在である。その知性が最初に万物を動かし始めた。知性は他の存在者と同等に物体であるが，それ自体独立してどこをとっても変わりなく純粋に存在する。また，知性は宇宙の全体に散らばっていて，知性を内にもつ生き物，つまり人間や動物や植物の中にも少量ずつながら内在している。知性は自己と関わり全てについて認識をもち，それゆえそれは万物を動かして秩序づける。つまり，知性は全てを知るという形で他のものに関わり，また他の全ての物に因果的な影響を与えている。それによって出来上がった宇宙は，秩序を備えた美しきものとなる。

知性によって全ての存在の善き秩序を合理的に説明することは，ソクラテスやプラトンやアリストテレスによって大いに期待されたが，アナクサゴラスの自然学は実際にその期待に応えることはなかった。

5．原子と空虚：デモクリトス，エピクロス

自然多元論の第 3 の立場は，レウキッポスとデモクリトスが打ち立て

た原子論である（筋①-7参照）。単純な原理から世界の全てを整合的に説明しようとする彼らの理論は，古代でも高く評価され，近代以降の自然科学の基礎をなすものとなった。

原子論では「充実体と空虚」が基本要素であり，前者の原子は「ある」もの，後者の空虚は「ない」ものという原理であった。彼らは「あるものがないものより一層あるわけではないが，それは空虚が物体より少なくあるわけでもない」と語り，パルメニデスやメリッソスが退けた「ない」を「空虚」として積極的に立てて，それも少しも劣らずに「ある」と考えた。つまり，「ある」と「ない」を2つの異なる存在原理に立てたのである。

ゼノンは存在の無限分割が引き起す逆説を提示したが，デモクリトスはそれに対して「不可分」という考えを物理的な意味で積極的に用いた。つまり，数学的な分割による不可分，即ち「点」ではなく，それ以上は物理的に分割できないと理論的に言える「不可分（アトモン）」を考えた。デモクリトスは「ある」を分割しても終点があり決して無になることはなく，その不可分な充実体が原子であるという形で，パルメニデスの原理に応答した。原子は生成も消滅もしない永遠存在なのである。

原子はこのように，それ以上分割できない「最初の大きさ」であって一切の変化を受けず，数において無限にあるだけでなく，種類と大きさにおいても無限の差異をもつ。だがその場合，大きさの範囲が無限であれば目に見える大きさの原子も登場してしまうのではないかとの批判が起こり，後にエピクロスの原子論は大きさに制限を加えてこの批判を回避した。

原子の存在性格はきわめて限定的であり，形と大きさと重さに限られていた。デモクリトスは色，匂い，熱など感覚可能な性質は人間の認識において「ノモス（慣習）によって」だけあるもので，実在性はないとした。エピクロスは感覚に対してより精密な因果的説明を導入したが，感覚が原子の運動によって成り立っている派生的なものに過ぎないという基本的な見方は同様であった。

原子論は，始まりも終わりもない無限に続く時間の中で，無限に広がる空間において無限個の原子が集散を繰り返す存在者の世界であった。

6. 空気の一元論：アポロニアのディオゲネス

パルメニデスに対抗する自然学は，多元論だけではなく，イオニア自然学を受けた物体一元論でも論じられた。アポロニアのディオゲネスは第一原理として「空気（アエール）」を立てた。「ある」ものはその空気だけであり，その同じ存在から異化されたものがこの宇宙にある諸事物である。ディオゲネスは著作でこう論じていた。

> これら全ては同じものから異化されて別の時に別のものになるのであり，同じものへと戻っていくのである。(DK 64 B2＝LM DIOG. D3)

万物が同じ一つの「空気」からなるという一元論は，ミレトスのアナクシメネスが以前に唱えており，空気が濃密化と希薄化によって他のものに変化すること，および生き物の原理であることを主張していた。ディオゲネスはその考えをパルメニデスへの存在論的な応答という枠組みで，より精緻に展開したのである。彼は「空気」の1つだけが存在し，それが変容するとして，無からの生成を退けたまま万物の変化を説明した。

第一原理である空気は「それ自体，永遠であり不死なる物体」と呼ばれる。空気によって全てのものの生成消滅が成立するが，それは「一である」空気の変容に過ぎない。

ディオゲネスはまた，生命原理を強調し，第一原理の中に存在している「知性作用（ノエーシス)」を持ち出した。生き物が生きるのは空気を呼吸するからであり，次に人間や他の動物が生きて魂と知的能力をもっているのは知性による。空気からなる魂は，空気から他のものが生じるがゆえに「知る」ことができ，また，空気は希薄であるがゆえに「運動変化する」ことが可能になる。

アナクサゴラスとは違い，混ざらずに外から物体を動かす知性（ヌース）ではなく，空気そのものの一部，あるいは本質としてそれを動かす内在的知性作用（ノエーシス）が考えられた。知性作用は適度な仕方で空気を配分して，季節や天候などを司る。従って，それは最も美しい仕方での配置をもたらすはずである。

知性作用は人間など個々の生き物にも宿っているが，宇宙や万物は全体として知性的な秩序で存在している。このように空気は「大きく，力強く，永遠で，不死であり，多くを知る者である」と性格づけられる。万物を舵(かじ)取りし支配する空気は，万物に内在する「神」であり，感覚を司る内なる空気は「神の小さな部分」であった。一種の自然神学である。

7.「ある」と「ない」の結合：プラトン

パルメニデスの議論を受けて，自然学者たちはその基本原理の一部を受け入れた上で自然の生成消滅を説明しようとしたのに対して，彼の原理そのものを批判的に検討したのがプラトンである。プラトンが中期対話篇で示したイデア論は，永遠不変の実在であるイデアと，「あり，かつ，ない」という性格をもつ感覚対象を区別する理論として，パルメニデスの議論を受け継いでいる。だが，パルメニデスの真理で「ない」は思考や言表のできないものとされた点が，根本的な哲学的問題を引き起こした。

ソフィストの中にはパルメニデスの原理を利用して，「虚偽や像は存在しない」と唱える者が出た。虚偽とは「そうでない」ことであり，「ない」を語ることも考えることもできないとしたら，虚偽は存在しない。また，像とは「本物ではない」ものであり，それは実物と同じであるか，さもなければまったく存在しないことになる。

こういった極端な議論に対して，プラトンは後期対話篇『ソフィスト』で「ある，ない」を根本的に検討して，パルメニデスを批判しつつ，それらが結合においてしか捉えられないことを示す。「ない」という語はそれ自体単独では何も指示することがなく，さらにその言葉は意味がないか，そもそも語れないはずである。だが，「ないは，語れない」と語ることで，私たちはすでに遂行的な自己矛盾に陥っている。また，「ある」についても，それを他から完全に切り離してそれ自体で捉えようとすると，やはり語ることも知ることのできないものになってしまう。とすると，「ある」と「ない」を適切に結びつけることでしか，言論（ロゴス）や思考は成り立たないことになる。こうして結合と分離の検討は，「ないは，ある意味では，ある」「あるは，ある意味では，ない」という言明を条件付きで認めることで，虚偽や像の成立を確保する。

プラトンはこのように「ある」を「同，異，動，静」などの類との関わりにおいて考察する哲学を展開した。そこで「ない」とは「〈ある〉とは異なる」という形で捉えられる。また，プラトンは『ポリテイア』で「善は〈ある〉を超えている」と語ったように，「ある」そのものを成立させる根拠にも目を向けていた。その洞察は，学園アカデメイアで論じられたとされる「不文の教説（アグラファ・ドグマタ）」に込められた。

8. イデア論批判：スペウシッポス，クセノクラテス

プラトンのイデア論と後期対話篇の存在論は，彼の学園アカデメイア

での様々な議論を経て，さらに本格的な展開を見る。学園で研究を共にした弟子たちは，皆イデア論を厳しく批判して，それとは異なる存在論を採用していた。

スペウシッポスは，「正義それ自体，美それ自体」といったイデアを立てる説を退け，数を原理とする多元論を提案した（筋③- 7 参照）。彼はプラトンと同様に，感覚的対象とは別に永遠の存在を原理に立てたが，それを数学的対象だけに限定した。スペウシッポスは複数の実有（じつゆう）（ウーシアー）を立ててそれぞれに原理を割り当てたというが，「感覚対象，数，大きさ，魂」の 4 種が明示され，原理の多数性は「エピソード的」と呼ばれる多元的な存在論をなした。

アカデメイアではプラトンの晩年からピュタゴラス派の数学重視が顕著となったが，スペウシッポスの後を継いだクセノクラテスも，プラトンのイデア論を退けて，イデアと数を同一視した。クセノクラテスは「一」と無限定（プラトンの教説で「不定の二」にあたる）から万物が発生すると考えた。それはピュタゴラス派的な数の存在論であり，スペウシッポスと同様に点から線が，線から面が，面から立体（要素としての四面体）が派生すると考えた。イデアが数と等しいと考えることは，数 2 が線に，3 が面に，4 が立体に当たり，それらの合計 10，つまり完全数がこの世界の全ての事物を含むことを意味する。

クセノクラテスの存在論は，プラトン『ティマイオス』の宇宙論に依拠し，万物を神学的に扱うものであった。アカデメイアでは，プラトンのイデア論をめぐって批判的な応答が存在論を活性化させたのである。

9.「ある」の多義性と現実態：アリストテレス

アカデメイアで 20 年研究し，「イデアについて」という論文でプラトンのイデア論が孕む困難を鋭く論じたアリストテレスは，超越的なイデアを否定して，私たちが経験世界で「ある」を多元的に捉える存在論を整備した。

プラトンが「ある」をイデアとして一つの姿で捉えたのに対して，アリストテレスは「〈ある〉は多くの仕方で語られる」と宣言して，カテゴリーの数だけ「ある」は異なるという考察を出発点とした。「ソクラテスは人間である」という命題と「ソクラテスは色黒である」という命題は，形式は同じだが実質は大きく異なる。それは「人間である，色黒である」という述語の身分が異なるからである。ソクラテスに「色黒」という性質が内在していても偶然であり，「色白」という性質が述語づけられることもあり得るが，人間でないソクラテスはあり得ない。そのような種別が「～である」という述語（カテーゴリアー）の区別である。

「カテゴリー」はAについてBを「言い立てる」仕方であり，問いのパターンに応じて最大10のカテゴリーに分けられる。「何か」という問いに対応して「正にそれである」を示すのが「実有（ウーシアー）」である。「どれだけか」に対応する「量」や，「どのようか」にあたる「性質」や，「何に対してか」にあたる「関係」や，「何処か」にあたる「場所」や，「何時か」にあたる「時」がある。それに加えて「置かれている／持っている」を意味する「態勢／所持」と「作用する／作用を受ける」を意味する「能動／受動」を加えると計10になる。アリストテレスは言葉が基本的に記号として事物や事態に対応すると考えており，「白い，10キログラム，父親」といった言葉を「性質，量，関係」のカテゴリーに分類する作業は，この世界で成り立っている「白い」等々という事態の存在論的な分類に他ならない。

「人間，動物，生き物」といった種と類の間の関係は，実在のあり方を示す。動物や生き物という「類」よりも人間という「種」がこの現実のあり方をより強く規定しているのであり，最終的に「この或る人間」

という個別者が「第一実有」と呼ばれる。「ある」はカテゴリーに応じて多義的であるが，同語異義（ホモーニュマ）とは言い切れない。それぞれのカテゴリーは異なる類にあるとはいえ「ある」という意味で一つに収斂（しゅうれん）するからである。「白い」という性質や「175センチである」という量についての「ある」はそれ自体では存立せず，ソクラテスという「人間」の「ある」に依拠する。このように他のカテゴリーが実有のカテゴリーに収斂することは「一との関係で（プロス・ヘン）」と呼ばれ（焦点的意味），「ある」は実有の優先性というあり方から考察されることになる。「あるとは何か」という形而上学の探究は，カテゴリー論から出発しつつ「実有とは何か」という存在論の探究に進む。

アリストテレスの存在論には「現実態，可能態」というもう一つの概念対がある。「現実態」と訳される「エネルゲイア」という造語は「働き（エルゴン）のうちに（エン）ある」状態を指し，自らのうちにその終極，即ち目的（テロス telos）を含んだ「完全な行為」として，運動変化とは異なるあり方をする。つまり，時間の流れにおいて目的を追求する「運動変化」ではなく，その都度目的が実現している究極のあり方が，時間を超える地平で成立する「現実態」なのである。

アリストテレスはこうして世界の究極の根拠を完全現実態として，それが「思惟の思惟」や「不動の動者」とも言われる神であるとする存在論を打ち立てた。それが，後世「メタ・フュシカ（形而上学）」と呼ばれる哲学の領域である。

10. 存在を超える根拠：プロティノス

プロティノスがプラトン哲学を受けて徹底させた存在論は，存在を超える次元を開いた。プラトンがそれ自体として実在するイデアを立てたのは，パルメニデスが示した真理としての「ある」を受けたものである。それは存在と思惟が一致する地平であったが，プラトン自身はさらにその根拠を示唆していた。「不文の教説」では，イデアそのものが限定としての「一」と無限定としての「不定の二」から生成するという。つまり，真の存在であるイデアにもそれを成立させる上位の根拠があり，それが「一者」と呼ばれていた。

プラトンは『ポリテイア』の「善のイデア」の比喩的な説明で，その存在論的超越を示した。諸々のイデアという実在を成立させる根拠である善は，いわば感覚世界の全てのものを生成変化させる「太陽」にあたり，太陽がそれ自体生成ではないように，善のイデアもそれ自体は存在を超えたもの，つまり「存在の彼方」のものである。この考えを受けて「一者」という原理を据えたプロティノスも，それが存在を超え，もはや「ある」とも言えないことを強調する。

存在の究極の根拠が「ある」や「知性」という限定をも超えることは，新プラトン主義では最後のアカデメイア学頭にあたるダマスキオスが特に強調した点である。彼は，それが「語りえぬ」ものであること，さらにそう語ることすら不可能であることを示しつつ，存在を超える一者という根拠の方向を否定によって示したのである。それは，存在者を超える神に向かう否定神学につながる発想であった。

#まとめてみよう！　存在をめぐる議論が与えた影響

「ある」がそれ自体で取り上げられ論じられたことで，哲学にどんな変化が起こったのかを考えよう。パルメニデスの衝撃とは何だったのか，それへの対応にはどのような種類があるのかを整理しよう。また，プラトン哲学を受けて「ある」とそれを超える次元を考える思索が生み出された様子も考察してみよう。

参考文献

井上忠『パルメニデス』，青土社，1996年

ドミニク・フォルシェー『西洋哲学史 —パルメニデスからレヴィナスまで』，川口茂雄，長谷川琢哉訳，白水社文庫クセジュ，2011年（原著，2008年）

土橋茂樹編『存在論の再検討』，月曜社，2020年

納富信留『ソフィストと哲学者の間 —プラトン『ソフィスト』を読む』，名古屋大学出版会，2002年（原著，1999年）

G.E.L.オーエン「アリストテレスと存在論の罠」，上林昌太郎訳，井上忠，山本巍編『ギリシア哲学の最前線２』，東京大学出版会，1986年

井上忠『哲学の現場 —アリストテレスよ語れ』，勁草書房，1980年

10 哲学史の筋⑧：言論と説得

《言葉への問い》 私たちが語る言葉の働きとは何か？

私たちは言葉で考え議論して人々と関わって生きている。では，その言葉（ロゴス）とは一体何か。また，言葉は真理とどう関わるのか。万事を言論を通じて決着しようとした古代ギリシア人は言論の力を強く意識して，それを最大限に活かす手法を開発した。そして，その試みは言葉そのものの解明を促し，論理的思考の整理につながった。「言論の技術」は2側面である弁論術と論理学に区別され，今日に至る学問の枠組みが形作られる。

1．語りの真理と虚偽：ヘシオドス

古代ギリシアにおいて言葉（ロゴス）を語る営みを司る詩人たちは，神から真理の言葉を授かって人間に伝える特別な役割を果たしていた。詩人はムーサの女神に祈ることで自らの言葉の真実性を訴えたが，ライバルの詩人との間ではどちらが真理を語っているかで言葉を通じた争いが起こる（筋④-1参照）。

ヘシオドスは『神統記』の序歌で，ムーサの女神たちが自分の美しい歌を教えてくれた経緯を語る。女神は，「我らはまことしやかな偽りをあまた語ることもできるし／その気になれば，真実を述べることもできるのです」と告げて霊感の声を授けてくれたという。ヘリコン山でのその体験が事実であろうが創作であろうが，重要なのは自らの語りの保証が神から与えられたとすること，ならびに，神はいつも真理を語るだけではなく，もっともらしい虚偽を語ることもできるとした点である。

詩は単に人々を楽しませる文化的営為に止まらず，その語りをめぐる真実と虚偽の相克を通じて言葉の力を主題化していった。

2. ロゴスに聴く：ヘラクレイトス

タレスやアナクシマンドロスら，ミレトスの自然学者たちは万物の始源や宇宙について思索をめぐらしたが，そうして語り論じる「言論」を取り上げて考察した様子は伝わっていない。詩の語りがもつ問題を自覚的に展開した詩人哲学者クセノファネスに続いて，「箴言」というスタイルで一冊の書物を著したヘラクレイトスが，「ロゴス」をテーマに言論を展開した。

ヘラクレイトスは書物を次のように始めていたという。

> この言葉（ロゴス）は常にそうであるのに，人間たちは聴く前にも一旦聴いても，常にそれを理解しない。というのは，全てはこの言葉に従って起きるのに，人々はそれに無経験な者に似ている。私が各々のことを本性に従って分別し，どうあるかを語って説明しているような，言葉も行為も経験しているのに。（DK 22 B1＝LM HER. D1）

この謎めいた発言は私たち読者の関心を「ロゴス」に集める。「このロゴス」とは何を指すのか。普通に読めばヘラクレイトスの言葉，つまり，ここから語り出される一連の言論を指すものと受け取られる。だが，それが常に真理であるという断言，および人間たちがそれを聞く前にも聞いた後でも「常に理解しない」という挑戦的な言い方に当惑させられる。ヘラクレイトスが語った言葉であれば，それは真実ではない可能性もあるはずだが，なぜそれが常に真理であると言い切れるのかと。

だが，断章で綴(つづ)られたその書物を読み進めると「ロゴス」という言葉を通じて次第に新たな理解が開けてくる。まず，「言葉（ロゴス）は共通しているというのに，多くの人々は個別の考えを持つ仕方で生きている」（DK 22 B2＝LM HER. D2）という言葉からは，私たちの思い込みとは別に全てに共通する何かがあると気づかされる。また，「私がその人から言葉（ロゴス）を聞いた者の中で，誰一人ここまで到っていない。全てのものから分け離されて，知とは何であるかを知るまでは」（DK 22 B108＝LM HER. D43）とも語られる。私たちが「知」だと思い込んでいるものは単にばらばらな情報の寄せ集めの博識に過ぎず，反対者が一致することすら分かっていない。全てが一つであることを認識することが知であり，それを示すのがロゴスである（筋④- 4 参照）。

さらに，ヘラクレイトスは「自分自身を増大させる言葉（ロゴス）は，私自身の魂に属する」と言う。だが，彼はまたこう警告する。

> 君は，あらゆる途ゆきを辿(たど)っても，魂の限界を見出せないであろう。それ程深い言葉（ロゴス）をそれ［魂］は持っている。（DK 22 B45＝LM HER. D98）

そうして，ヘラクレイトスとは別のロゴスそのものに聴従することが勧められる。

> 私にではなく言葉（ロゴス）に聴いて，全てが一であることに一致する（ロゴスを共にする）ことが，知である。（DK 22 B50＝LM HER. D46）

ここではロゴスは語られた言葉であるだけでなく，それが示す全宇宙の共通法則である。ヘラクレイトスの驚くべき言葉に誘われ，挑発されて私たちは覚醒した生へと導かれる。

3．真理の言論：パルメニデス

パルメニデスは若者が女神と出会う神秘的な体験として自らの哲学を叙事詩で著した（筋④-5参照）。女神はそこで「言論（ロゴス）」を語り真理を授けると明言しており，さらに「いや，言論で争い多い論駁を判定せよ ／ 私から語られたのだが」と聞き手に促している。

パルメニデスが著した言論，とりわけ真理である「ある」の道は，導出される結論が私たちの常識に反するとはいえ，演繹的な推論の形式で徹底した論理性を追究していた（筋⑦-1参照）。「ある」の道を辿るために「不生，不滅，全体，単独，不動，完全」の6つの徴，つまり道標が提示される。徴の各々が「あるは，ある」の原理から論理を通じて導かれる。例えば，最初の「生じない」という特徴は次のように論証される。

> というのは，それのどんな生まれを君は探るのだろうか。／どの道で，どこから成長したというのか。ないものからと，お前に言うことも ／ 思惟することも許さない。「ない」とは語られも，思惟されもしないのだから。／更に，どんな必然が，それを掻き立てたというのか。／より前，つまり無から始まったよりも後に生まれたとすると。／そのように，完全になっているか，ならないかが，必然だ。（DK 28 B8.6-11＝LM PARM. D8.6-11）

何かが生じるとは，「ない」から「ある」になることに他ならない。だが，「ない」は完全に退けられなければならず，従って「生じる」は成立しない。こうして「あるは，ある」の原理に則(のっと)れば，生成も消滅も一切の変化も不可能になる。パルメニデスの女神が語った神の言葉は，完全な論理として私たちの思い込み（ドクサ）を粉砕するのである。

4．パラドクス：エレアのゼノン

パルメニデスが示した真理の言葉は，基本的には女神という超越の視点から人間に授けられたものであった。同郷の弟子ゼノンはその真理を，人間の言論に立って補強する。その言論は次のようなものであった。

多くの人は，この世界には多数の存在者があり，それらが運動や生成変化していると思っている。そこでゼノンは，一旦彼らの考えを仮に「多くのものがあるとしたら」という形で前提に立てて，そこから論じて導出した結論が矛盾を含むことを示す。矛盾は許容されないため，最初に立てられた前提が誤っていることが結論づけられる。

この論法は「背理法，帰謬(きびゅう)法」と呼ばれるもので，「多くのものがある」とする立場に対して背理法が成立すると，その反対である「一だけがある」が帰結し，「運動がある」という立場に対しては「運動はない」が帰結する。それらは，この世界を生きる私たちには「常識（ドクサ)」から逸脱する（パラ）議論として「逆説（パラドクサ)」と呼ばれる。ゼノンは常識を覆す言論を提示することで，私たちが当たり前と思っていた世界のあり方を揺り動かす問いかけを行った。それは，パルメニデスによる言論への，逆方向からの補強であった。

ゼノンの議論で重要なのは，彼の言論があくまで論敵の立場から矛盾を引き出すものであり，その前提がゼノン自身のものではない点である。それゆえ，ゼノンが議論で用いる「無限分割」や「瞬間的静止」の考えを彼自身の積極的立場とすることはできない。

ゼノンの議論は40あまりあったとされるが，とりわけ，運動を否定する4つの逆説「二分割，アキレス，飛ぶ矢，競技場」がアリストテレス『自然学』第6巻で紹介され広く知られている。最も有名な「アキレスと亀」の逆説は，運動における移動地点の無限分割の問題を複雑に展開する。アリストテレスの報告は「最も遅いものも，最も速いものによって追い越されることは決してない」と簡単である。俊足で知られるアキレスが歩みの遅い者，例えば亀を追いかけて追い越そうとする場合，少し前を行く亀がいた地点に達すると亀は少しだけ先におり，さらにそこに達しても亀は先にいる。こうして亀は常にアキレスの前にいて，決して追い越すことができないという逆説である。

明らかに私たちの経験事実に反するこれらの議論は，一見単純そうな印象とは逆に，現代でも解決されない難問を含んでいる。こういった逆説に対して，アンティステネスやシノペのディオゲネスは黙って歩いて見せたと言われる。目の前に進む亀を追い越すことは容易である。だが，それは逆説の解決にはならない。言論に対しては言論でその誤りを明らかにしなければならない。それがゼノンの提起した問題であった。

5．説得の技術：ゴルギアス，アンティフォン

言論を純粋に追求すると逆説が生まれるという洞察は，2つの方向で展開される。一つは，非常識な逆説を検討して正しい論理を打ち立てるという「哲学（論理学）」であり，もう一つは逆説を含めた言論を実践的な場面で活用するという「弁論術」である。だが，その2つは前5世紀には「言論の技術」という一つの対象として追究されていた。

ホメロスの叙事詩に見られるように，古代ギリシアはあらゆる事柄について言論の主張をぶつけ合うことで，議論を通じて物事を決着する社会であった。そこでは議論を聞いて勝敗を判定する審査員が重要であり，言論は相手に反論してその主張を退けること以上に，その議論を聞

いた人々を納得させることを目指した。言論の対決は「競争（アゴーン)」であったが，それは悲劇・喜劇のコンクールのような場だけでなく，法廷での告発と弁明，民会での提案などで競われた。

言論の技術が活躍するのは，とりわけ裁判での弁論であったが，その起源は民主政に結びついている。前 5 世紀前半にシチリア島のシラクサで僭主政（せんしゅせい）が民主政に変わると，不当に取り上げられた土地などをめぐる紛争が裁判所に多数持ち込まれ，そこで弁論を行うためのテクニックが必要となった。それを「技術」としてマニュアル化して教えたのがティシアスとコラクスで，その弟子がゴルギアスであった。

ティシアスが開発したと言われる技法が「エイコス（ありそうな)」を使う論法で，事実や動機など 100パーセント確実な論証ができない法廷での論争で使うためのものであった。

アテナイの弁論教師アンティフォンの模擬弁論作品『四部作』がこの論法を活用する（筋 ④- 6 参照)。深夜に人気のない場所で起きた殺人事件で，原告からの告発は，生前の被害者に敵対していたその被告こそありそうな犯人であるとする。それに対して被告は，被害者が殺されたら自分が疑われる以上，犯人であることはありそうでないと反論する。さらに，物盗りの犯行の可能性を指摘する被告側に対して，告発側は物盗りかどうかはその場で調べられるはずだが，そのような報告がない以上は計画的犯罪であるのがありそうだと訴える。その場合，被害者によって裁判にかけられようとしていた被告以外が犯人であることはありそうもない。さらにそれに対して被告は，追い剝ぎの可能性が除外できない以上は自分は嫌疑から解放されると反論する。「エイコス」からの論証は，こうして双方が自分の有利さを示していると主張する議論の応酬となる。

言論の技術の開発は，社会の様々な場で市民が活躍する機会と能力を提供する役割を果たしたが，その技術を教えるソフィストは過剰な演示に走っていく。弁論術の祖とも見なされるゴルギアスは，演説の場で聴衆に何でも主題を投げかけてほしいと呼びかけ，その場で見事な言論を提示する即興演説を得意とした。相手や場に応じた言論の構成や修辞はきわめて重要で，弁論家は「時宜（カイロス）」という概念でその重要性に訴えた。

ゴルギアスはまた，演説の見本作品を書き物にして宣伝のために流布させた。代表作『ヘレネ頌（しょう）』は，トロイア戦争の原因となった伝説の美女ヘレネから悪女の評判を取り去ろうという逆説的な言論で，彼女の出奔の原因として「神，暴力，言論，愛」の4つを挙げてその全てを退けることで無実を論じる作品である。ゴルギアスは真理を語ると宣言しながら，言論（ロゴス）は魔術や薬（医薬・毒薬）のように人々を動かす力であると示すことで，言論自体が聴衆の心の中に真理を作り出すことを妖しく示していく。言論は力であり，その技術を身につけたものは権力をもって人々を奴隷のように支配することができる。そうして一方的に他者を操る言論の力がゴルギアスの弁論術であった。

このような「言論の技術」は，人々の感情に訴えかける実践的な役割があるものの，真理を考慮せずに欺きを生み出すテクニックとして，プラトンから徹底的な批判が向けられる。「弁論術（レートリケー）」という概念でそれを批判的に検討し，真理を求める哲学の言論である「ディアレクティケー」と区別したのは，プラトン対話篇『ゴルギアス』と『パイドロス』であった。

6．正しい言葉遣い：プロタゴラス，プロディコス

ソフィストたちによる言論への注目は，弁論術の技法整備と実践だけでなく，言論（ロゴス）そのものの考察と理論化に向かった。そもそも

言論がどう成り立っているのかは，「言論の技術」を教えるにあたって生じた関心であろう。

ギリシア語には名詞や形容詞の性（男性・女性・中性），および動詞の時制などがあるが，それらを最初に区別したのはプロタゴラスとされる。プロタゴラスはまた，言論を「祈願，質問，応答，命令」の4つの法に整理して「言論の基本形」と呼んだ。さらに，次世代のソフィストであるアルキダマスはそれを「肯定，否定，質問，呼掛」に区別して理論を発展させている。

プロタゴラスと彼の弟子プロディコスは「名前の正しさ」を主題にして，類似の意味の言葉を定義して厳密に使い分ける考察を数多く与えた。例えば，「快さ（ヘードネー）」に関わる語彙では「テルプシス（耳を通じて得られる快さ）／カラ（魂の快さ）／エウフロシュネー（目を通じて得られる快さ）」という類義語で意味が異なると主張した。こういった語義区別は，一語が一義のみをもつという意味論の原則を取っていることを予想させるが，後にプラトンの学園アカデメイアではスペウシッポスやアリストテレスらが「同語異義，同語同義，多語同義，派生語」などの区別を導入して，言葉の間の関係をさらに整理していく。

こうした言語そのものへの関心は，文法学や言語学の先駆けとなった。ソフィストたちはまた，教育の一環としてホメロスらの詩を解釈し，そこから教訓を取り出す文芸批評も導入した。詩を解釈する知識は，後に文献学という学問になり，人文学（フマニスムス）と呼ばれる営みに発展する。

7．弁論術の教育：イソクラテス，キケロ

自身も弁論家として言論作品を書きながら「弁論術」の教育にあたったソフィストのイソクラテスは，弁論術の教育こそが哲学（フィロソ

イソクラテス
〔ユニフォトプレス〕

フィアー）であると考えていた。彼が従事している哲学はソクラテスが促した「魂への配慮」であり，実践に必要な徳である思慮（フロネーシス）の育成を目指した。

イソクラテスの言論の哲学は，プラトン的な哲学理念への暗黙の批判を意図している。プラトンは虚偽を含む「思い込み(ドクサ)」を退けて常に確実に真である「知識(エピステーメー)」を探究する哲学を提唱し，その準備として数学的諸学を学ぶ教育プログラムを示した。それに対してイソクラテスは，そういった世間離れした非実用的な学問は教養や準備として一定の意味があるだけで，厳密な論理を探究しても人々をあまり裨益（ひえき）しないと論じる。

彼は「判断（ドクサ）によって大抵の場合に最善のものを狙い当てることができる人が知者であり，そのような思慮（フロネーシス）を最も速やかに獲得する事柄に従事する人が哲学者である」と主張した。イソクラテスはプラトン的な「知識，ドクサ」の対比に対してその優先順位を逆転させ，人間にとってドクサ，即ち時宜にかなう適切な「判断」こそが重要であると主張し，そういった正しい決断ができる思慮をもつ人間を目指して弁論術を教えたのである。

イソクラテスがアテナイで開いた弁論術の学校では，歴史や教養を重んじる哲学が長年教えられ，有名な政治家や弁論家や歴史家を輩出した。後に，ローマの政治家・弁論家でありアテナイで哲学を学んだキケロも，イソクラテスの弁論術理念を受け継ぎ，理想の哲学者は弁論家と一致することを論じた。

8．言葉の中での探究：ソクラテス，プラトン

街角で人々と対話を交わすソクラテスは，徹底的に言論を通じて人々の生き方を吟味して真理を探究する態度を貫いた（筋 ②- 5 参照)。彼が用いる論駁（エレンコス）の方法は，質問をして相手に同意された命題から矛盾を導き，その相手の立場を撤回に追い込む言論の技法で，プラトンやアリストテレスが発展的に整備して「問答法（ディアレクティケー)」となった。ソクラテスの対話はそうして相手の思い込みを打ち壊すことでアポリアーに陥らせるが，他方で，そこで「言論嫌い（ミソロギアー)」に陥らないように注意を促し，言葉における探究を続けるように勧めた。

ソクラテスの哲学を継いだプラトンは，目に見えて感覚で捉えられる事態は相反する現れを被り，それに巻き込まれていると物事の真のあり方が見えてこないと考えた。そこで徹底して「言葉の中での探究」を行い，言論においてイデアを立ててそれを基礎定立（ヒュポテシス）として整合的な言論を追求することを提案した（筋 ③- 6 参照)。イデアは，言葉を通じて知性によって捉えられる対象であった。

プラトンがそこで直面した課題は，「言論の技術」を標榜するソフィストに対抗して，哲学がどのように正しく言論を用いて真理を探究するかの確保であった。彼は，ソクラテスをプロタゴラスやゴルギアスらソフィストと対決させる対話篇において，彼らの言論の技術を「弁論術」として批判し，それが真理に関わる技術ではなく説得だけを目指す経験に過ぎないと規定した。それに対して，問答を通じて真理を明らかにする「ディアレクティケー」こそが哲学である。こうして「言論の技術」が弁論術と論理学とに区別されたのである。プラトン後期対話篇では「分割と総覧」や「類の交わり」などの方法が開発され，哲学の方法と

してのディアレクティケーが整備実践されていく。

9．論証と問答法と弁論術：アリストテレス

アリストテレスはプラトンの論理学への志向を継承し，それを学問的に整備する。アリストテレス哲学は言葉における探究を第一の柱とするが，そこには私たちが語る言葉（ロゴス）を適切に分析することで実在を見て取ることができるという前提がある。私たちが言葉を語って世界を捉えそこで生きている以上，言葉は適正に世界の構造を反映していると考えたからである。

外在する事物や事態には私たちの魂の受動状態，つまり思考内容が対応する。音声の言葉はその受動状態に対応し，さらに，書かれた文字はその記号である。思考内容は自然的に万人に共通するが，言葉はギリシア語や日本語のように文化によって規約的に異なる。言葉は直近には思考内容に対応するが，それを介して事物に対応する。このように事物と言葉は魂の状態を介して類似対応の関係にあり，それゆえ言葉を適切に分析することで実在の構造が明らかになるのである。

アリストテレスはまず，主語と述語動詞の 2 項からなる命題を整理する。肯定と否定の対に「全ての」（全称）と「或る」（特称）の対を組み合わせて得られる 4 通りの命題が，矛盾や反対などの関係を示す。それらの命題を連結させ，真なる前提命題から必ず真なる結論が導出されるという妥当な形式を集めると「推論」の体系となる。アリストテレスはこの検討で，当時の幾何学の証明法と同様に，具体的な事物の名前ではなく A や B といったアルファベット記号で論理の規則を形式的に示したが，それは普遍的な思考の筋道を計算で示す知性のあり方であった。

第一の真なる命題からの推論で構成されるのが学問的論証であり，それが体系となって学問知識を成立させる。こうして打ち立てられたアリ

ストテレスの形式論理学は古代に，さらに整備されて中世から近世まで受け継がれる。アリストテレスの論理学著作は「オルガノン（道具）」と呼ばれたが，学問的論証を扱う『分析論後書』の他に，蓋然的な前提命題から推論する問答法（ディアレクティケー）を整備した『トポス論』や誤謬（ごびゅう）の形式を分析した『ソフィスト的論駁について』が含まれる。

論理学の姉妹学として理論整備した「弁論術（レートリケー）」は，厳密な推論（三段論法）を用いるものではないが，一部を省略しても成り立つ別種の推論である「エンテュメーマ」を用いる。説得の場面では，言わなくとも了解される命題は聞き手が暗黙に補うからである。

弁論術は単に言葉で相手を誑（たぶら）かす偽論理や技法ではなく，こうして学問の枠組みに位置づけられた。弁論術は使用場面によって3種に分けられる。過去に起こったことの正と不正を裁判で判定する法廷弁論，将来に起こることの善と悪，つまり利益と損害を議会で判断する審議弁論，そして現在について美と醜を祭典で称揚する演示弁論である。弁論術は実践のために論法（トポス）を整備し，聴衆の感情，および言辞の使い方を分析する。こうしてアリストテレスは，プラトンが批判した弁論術を救済して，哲学的に整備したのである。

アリストテレスが打ち立てた言論についての総合的な考察は，西洋の学問の枠組みとして後世に決定的な影響を与えた。

10．言葉で成り立つ宇宙：ストア派

アリストテレスが作り出した論理学は「項（名辞）」の結合と分離からなる命題を推論として連結させる「項論理学」であった。それに対して，ストア派は命題同士の関係を扱う「命題論理学」を創始した。ストア派の命題論理とは，前提と結論に相当する文によって表された命題で相互の関係を確立する体系を意味していた。次のような推論規則がある。

もしｐならばｑである。ｐである。従って，ｑである。

（モードゥス・ポネーンス）

もしｐならばｑである。ｑでない。従って，ｐでない。

（モードゥス・トレーンス）

ストア派は，こういった推論に基づいて複雑な議論や定理を証明していった。だが，ストア派にとって論理学は自然学や倫理学と一体の学問であり，実践的な生き方を宇宙の秩序に位置づける基礎であった。論理学が扱う命題は自然の原因を結びつけ，完全な行為の調和をもたらす。宇宙は生きた一体としてのロゴス（理性）であり自然（フュシス）であり，かつ神である。彼らが開発した命題間の関係の論理学は，従って，宇宙のロゴスという秩序そのものであり，その解明と把握であった。

#まとめてみよう！　言葉は哲学においてどう位置づけられたか？——

言葉を用いる哲学の探究は，その言葉をどのようなものと見なしてきたか。それへの関わり方の違いによって，どのような哲学が成立したかを考えてみよう。ギリシアにおける言語の哲学が現代の言語哲学や論理学とどう異なるかも考察しよう。また，弁論術の流れが現代にどう受け継がれているかを調べてみよう。

参考文献

山川偉也(ひでや)『ゼノン　4つの逆理 ―アキレスはなぜ亀に追いつけないか』，講談社学術文庫，2017年（原著，講談社，1996年）

プラトン『ゴルギアス』，加来彰俊訳，岩波文庫，1967年

廣川洋一『イソクラテスの修辞学校 ―西欧的教養の源泉』，講談社学術文庫，2005年（原著，岩波書店，1984年）

柿田秀樹『倫理のパフォーマンス ―イソクラテスの哲学（レトリック）と民主主義批判』，彩流社，2012年

キケロー『弁論家について』全２巻，大西英文訳，岩波文庫，2005年

高田康成『キケロ ―ヨーロッパの知的伝統』，岩波新書，1999年

アリストテレス『命題論』，早瀬篤訳，岩波書店「アリストテレス全集１」，2013年

アリストテレス『分析論後書』，高橋久一郎訳，岩波書店「アリストテレス全集２」，2014年

アリストテレス『トポス論』，山口義久訳，岩波書店「アリストテレス全集３」，2014年

アリストテレス『ソフィスト的論駁について』，納富信留訳，岩波書店「アリストテレス全集３」，2014年

アリストテレス『弁論術』，堀尾耕一訳，岩波書店「アリストテレス全集18」，2017年

浅野楢英(ならひで)『論証のレトリック ―古代ギリシアの言論の技術』，ちくま学芸文庫，2018年（原著，講談社現代新書，1996年）

11 哲学史の筋 ⑨：知の可能性

《知をめぐる問い》「知る」ことはどのように可能か？

私たちは何をどのように知っているのか，あるいは知らないのか。古代ギリシアにおいて，この問いは，神が有する真理や全知との対比で人間に限界を突きつける。その応答は，不知を自覚して確実な知識を求める哲学探究だけでなく，それぞれの立場での真理を認める相対主義，さらに，何も知り得ないとする不可知論や，絶えざる吟味によって独断を退ける懐疑主義など，様々な立場を生み出した。知の可能性と根拠をめぐる論究は，全ての哲学と学問の基盤となっていく。

1．認識への問い：クセノファネス

世界や人間の生き方について「知恵」を求め，それを語っていくのが知者の役割である。最初にそれを担ったのは，エジプトやメソポタミアでは祭司や僧侶であり，最初期のギリシアでは詩人であった。それを受け，一体人間は何を，どのように，どこまで知ることができるのかという問いが，知をめぐる哲学を生み出した。筋④で辿(たど)ったように，知への関わり方は語りのスタイルの問題として模索されたからである。ギリシア哲学で最初に認識の限界を論じたのが，詩を歌うことで哲学を遂行したクセノファネスであったのは，不思議なことではない。

クセノファネスは自身が知を持つことに自信を示しながら，ホメロスやヘシオドスによる神々の語りを批判し，最高の神こそが「知性（ノオス）」を発揮すると語った。では，その場合，人間にはどこまで知が可能であり，とりわけクセノファネス自身はどんな根拠をもってそのようなことを語ることができたのか。彼は，一方で人間の知の限界をこう歌っている。

> そして，精確なことは誰も見た者はなく，誰一人知る者もいないだろう／神々についても，万物について私が語ることについても。／というのも，もし最大限，目指すものを言い当てたとしても／その者は知ってはいないのだから。そうではなく，思いが全てを覆っている。(DK 21 B34＝LM XEN. D49)

人間が知ることのできる範囲は限られ，それも確実とは言えない。だが，ここで語られたように人間が「誰一人」真理を持つことができないとしたら，当のクセノファネスですら神々や万物について真理を語れないことになる。さらに，もし本当に知らないのだとしたら，どうして他の人々が知っていないと判断し，そのうえ，自分が知らないということが分かるのか。だが，クセノファネスは詩人という神的な視点からこの認識問題を提起し，いわば人間を超えた言葉において「誰一人知らない」と喝破しているようである。こうして「知る，知らない」をめぐる問題は，人間の営みとしての哲学において，認識論と呼ばれる領域となった。

他方で，イオニアの自然探究に従事する一人として，クセノファネスも人間にとっての知恵の進歩を信じる立場を表明した。

> 神々は，最初から全てを死すべき者に示しはしなかった。／［人間は］時とともに探究しながら，より善きものを見出していく。(DK 21 B18＝LM XEN. D53)

認識の可能性は，神と人間の違いと関わりとして問われた。だが，クセノファネスが指摘した人間にとっての知の限界は，懐疑主義という立場につながり，後世の懐疑主義者はクセノファネスを始祖と見なした。

2．人間の混迷：ヘラクレイトス

クセノファネスにやや遅れて，やはり人間の認識の問題を鋭くえぐったのはヘラクレイトスであった。人間たちは「ロゴス」を共通にもつにもかかわらず，それぞれが勝手な思い込みを抱いて生きている（筋②-2参照）。いわば眠っているのに気づかない，そんな状態にある。そういった痛烈な批判を加えながら，どこで認識が損なわれているかについて「全てが一つであることに気づいていない」と指摘する。

ヘラクレイトスが万物について本性（ほんせい）に従って分別して語っている「ロゴス」は，実は全ての者に共通している（筋⑧-2参照）。だが，人間はそれを聞いたり出会ったりしても理解しておらず，あたかも自分はすでに知っているかのように思い込んでいる。「思い込み（ドクサ）」という人間の認識状態は，すでにクセノファネスが批判した対象であるが，ヘラクレイトスはそれを眠った状態，あるいは知覚の障害と見なす。それは，見たり聞いたりしているのに理解しない，そしてそうであることに気づいていない状態だからである。

ヘラクレイトスはこうして，私たち人間が陥っている無知の状態に厳しい挑発の言葉を投げかける。だが，一般の人々にまして，知恵があると思われて尊敬されている人々，とりわけ詩人たちがより厳しい批判に晒（さら）される。ヘシオドスは「昼と夜が一つであることすら知らない」と言われる。光と活動の世界である昼と，闇と眠りの世界である夜とは，2つの相反するものと思われがちである。しかし，それらは真に独立した正反対のものではなく，1つのものの2つの側面，あるいは相補的で互いに依存する一体の世界ではないか。これは，相反するものが本当は１つであるという「反対者の一致」という論理である。「生と死，眠りと目覚め，戦争と平和，満足と飢餓，全体と部分，調和と相違」といった反対者が，実は１つであると知ることが「知」なのである。

ヘシオドスに限らず，これまで知者として尊敬されてきた人々は，何一つ本当のことを知ることなく，知っていると思い込んだだけであった。

> 多くを学ぶこと（博識）は，理解を教えはしない。というのは［もしそうでなかったら］ヘシオドスやピュタゴラス，またクセノファネスやヘカタイオスにも教えたであろうから。（DK 22 B40＝LM HER. D20）

この断章にあるように，彼らは多くの雑多な情報を集めて博識を誇るが，それは物事の核心からかえって離れており，知とは反対の方向にある。「全てが一つである」というロゴスに聞き従い，それを理解することが「知」というあり方なのである。

3．真理と思い込み：パルメニデス

真理の探究とそれを提示する哲学の語りは，こうして人間認識への厳しい批判を展開した。その問いを受けて，さらに鮮明な対比を示したのがパルメニデスである。彼の叙事詩では，若者に向けて女神が「真理と人間の思い込み」の２つを語り聞かせる（筋④-５，⑦-１参照）。そうして女神の語りは，「ある」という真理の道に加えて，「あり，かつ，ない」を彷徨(さまよ)う，人間の思い込み（ドクサ）の構造も明らかにする。

「ない」は，語ることもできず考えることさえできないはずである。

にもかかわらず，それを「ある」と混同する人間の思い込みはでっち上げの道であり，そこでは「全ての道が反転する」という。死すべき人間たちの思い込みは「火と夜」といった反対者を原理とする二元論であり，真理として示された一元的なあり方に似た姿として把握される。それゆえ「この秩序づけを，私はお前に全てで似ていると語ろう」と女神は言う。反対者によって相互に分離された徴がこの世界の二元的秩序をなすが，それらは「ある」の道ですでに語られた一元論を二元的な秩序へと引き延ばしたものなのである。生成変化するこの思い込みの世界は，反対者である２つの名前の間で起こるとされる出来事であり，１なる「ある」の真理にとって似姿である。真理と思い込みが実物と似姿の関係にあるとすると，そこにも二元性が成り立つことになり，この点でパルメニデスの哲学はプラトンの「知性，感覚」二元論の先駆となった。

パルメニデスの叙事詩の語りは，きわめて重い問いかけを含んでいる。人間の域を超えて神の世界に至り，そこで神の言葉を授かった若者も人間に過ぎない。彼は女神が語った言葉を受け取るものの，それをそのまま理解して神の認識を得ることはできない。それゆえ，人間の宿命として，語られた真理を聞いて理解したつもりになっても，その理解はその都度また思い込みに陥ってしまう。従って，女神のメッセージは，真理を聞いても思い込むしかない人間の知のあり方を自覚せよ，という内容に他ならない。

だが，女神が語ることを言論（ロゴス）で判定するのは，彼女から言葉を受け取った人間の責任である。言論において正しく判断しそれを認識する限りで，真理は人間にとって開かれたものとなる。さらに，パルメニデスの「真理」を示す言論がいかに常識に反するもので，人間には受け入れ難いものかを具体的に示したのが，弟子ゼノンによる数々の逆説（パラドクス）である（筋⑧-4参照）。逆説は私たちの常識的な認識を揺るがし，言論によってそれに対決するように促す挑戦である。

4．相対主義：プロタゴラス

ソフィストは人間の徳を教授するという社会的役割において，「知」の可能性を積極的に追究した。その代表であるプロタゴラスは，著書『真理（アレーテイアー）』の冒頭で「人間尺度説」と呼ばれる認識論の問題提起を行った。

> 人間は万物の尺度（メトロン）である。あるものには，あることの。ないものには，ないことの。（DK 80 B1＝LM PROT. D9）

その著作からは他に一切の引用や言及がないことから，この発言が何を意味しているのかという解釈をめぐっては，古代から議論が続いている。

「人間」を主語にした言明は，伝統的に神が全てを司ると信じてきたギリシア人に衝撃を与えた。「あるものには，あることの。ないものには，ないことの」という表現は，パルメニデスの原理をもじっている。プロタゴラスは，その主張をそのまま用いて「真理」とすることで，人間が「ある，ない」を混同して思い込みに陥っているという，パルメニデスの人間批判を退けたのである。

だが，人間を万物の尺度とするこの箴言（しんげん）的な文章は，多くの異なる解釈を許してきた。「人間」が神や馬ではないという生物種を指すとすると，認識や価値についての生物種相対主義となり，とりわけ善悪や正義について神の視点とは別に人間に真理を認める発言だとすると，人間中心主義になる。また，民族や国や社会や文化といった人間の各集団を指すとすると，ソフィストの時代に流行していた社会・文化相対主義であり，法律や慣習（ノモス）が社会ごとに異なるという多元論的な見方の論拠となる。さらに，判断が個々人で異なる場合，「この風は冷たい」と感じるか「暖かい」と感じるかという事実についての個人相対主義と，「敵に復讐することは正しい」と考えるか「正しくない」と考えるかの価値の個人相対主義で，解釈は分かれる。これらの解釈の間でプロタゴラスの真意は確定できないが，プラトンとアリストテレスがそれを個人相対主義として批判して以来，哲学史ではその解釈が定着してきた。

しかし，プロタゴラスの説は「自己論駁（ろんばく）」と呼ばれる形の批判に晒されてきた。すなわち，プロタゴラス以外の人間が「プロタゴラス説は虚偽である」と考えた場合，「人間は万物の尺度ではない」が真となる。プロタゴラス説ではそれも「真」であると認めざるを得ない以上，自己矛盾をきたすという議論である。これが決定的な論駁となり人間尺度説は不成立となるか否かという，相対主義の妥当性と意義をめぐる議論は，プロタゴラスの名と共に現在も続いている。

5．不知の自覚：ソクラテス

私たちは本当に重要なことを知っているのかという問いは，知者を標榜するソフィストと同時代に活躍したソクラテスによって投げかけられた。ソクラテスは対話相手に，徳などについて「それは何か」と問いかけ，その吟味を通じて相手と自分の認識状態を明らかにしたのである（筋②-5参照）。ソクラテスはその問いかけにあたって，自らは「善，美，正義」といった大切なことについて「知らない」と不知を表明していたが，その態度は最高の知識人を自称して人々に学識を授けると宣伝したソフィストとは対照的であった。

ソクラテスが問題にしたのは人間の知識一般ではなく，対話する一人ひとりの知への関わりであった。人生の経験や研鑽（けんさん）から「私はこれについて知っている」と思い込んでいる人に対して，ソクラテスはまず，その知っているとされることについて「それは何か」を語るように促す。相手は定義と思われる信念を次々と提示するが，それが真にその内実を捉えてはおらず，それゆえ当初「知っている」と思っていた人の思い込み(ドクサ)は知ではなかったことが明らかにされる。他方でソクラテスは，「自分はそれら大切な事柄について知らないので，その通り知らないと思っている」という「不知(アグノイア)の自覚」の立場をとり続ける。それと対照的に，本当は知らないのに知っていると思っていた人は「無知(アマティアー)」の状態にある。ソクラテスはそういった無知こそ最大の悪であると考え，相手を吟味し論駁することで，その無知を暴きそこから相手を解放することが哲学の使命であると考えたのである。

ソクラテスが「それは何か」の問いで求めたものとは，アリストテレスによれば定義にあたるが，ソクラテスの目標は，単に対象の正しい定義を手に入れるということではなく，徳を持つ人が自身の持つあり方をどう把握しているかという吟味にあった。そうしてソクラテスは，真の知は神だけが持つものである，という否定形でしか人間には関われないことを明らかにした。それが，ソクラテスと対話する人々が共に陥る「アポリアー（行き詰まり)」の意味である。ソクラテスは終始不知の自覚という境位に止（とど）まりながら，そこで真理と関わっていく言論の探究を続けたが，そうして基本的に消極的で破壊的にさえ見えるソクラテスの対話に対して，プラトンら弟子たちはより積極的な意味を見出そうとした。

6. 知識と思い込み：プラトン

プラトンは，一方でソクラテスの「それは何か」の探究を受け，他方でそこで確認された人間の「思い込み（ドクサ）」の状態をパルメニデスの存在論の枠組みで捉え直した。パルメニデスが真理として提示した「ある」は，それ自体で不変で絶対的にあるイデアにあたるが（筋③-6参照），それを把握するのが「知識（エピステーメー）」である。それに対して，人間の思い込みは「あり，かつ，ない」という混乱の事態をそのまま認め，イデアを捉えていない段階であった。哲学は，その思い込みから知識へと上昇する探究の営みとされた。

私たちが抱く考え（ドクサ）には，実際に真であるものも偽であるものもあるが，その中で「真なる考え」が確実になっていくと「知識」に至るかどうかが問題となる。プラトンはその問いを『メノン』や『テアイテトス』で検討するが，その答えは示されずにアポリアーに終わっている。真なる信念がどのような条件の下で知識になるかという問題は，現代知識論で「ゲティア問題」と呼ばれて議論されている。

だが，プラトンが論じた知識とは，単に真なる命題をもつことではなくイデアを理解していることであり，すでに把握していた知を想起することである。知識とは，魂，特に知性がイデアと関わるあり方だからである。プラトンの想起説は，多くの事柄を学んで情報として知識を付与するソフィスト的な知識論との対決でもあった。知識はばらばらな事柄の集積ではなく，全てが連動する体系的な存在の把握であり，それがイデアの理解である。その知の探究は「ディアレクティケー」という問答の方法で遂行される。

7．論証的知識の体系：アリストテレス

人間が持つ通常の考えを思い込み（ドクサ）として否定することで，それとはまったく異なる真理に向かおうとするパルメニデスやプラトンに対して，アリストテレスは私たちが基本的に真理に与（あずか）っているという

楽天的な信念から出発する。彼は，誰一人真理を正しく摑(つか)んではいないが，各々の人は部分的な真理を語っていると考えた。その見方に基づき，人々や知者の見解を集めてそこから真理を摘出するという哲学手法が開発され，「エンドクサ（人々にそう思われること，通念)」を用いる「問答法（ディアレクティケー)」として整備された。

この真理観には「より先なるもの」という概念の二義性が働いている。「私たちにとって先なるもの」は目の前に与えられているが「自然本性的には後なるもの」である。そこから自然本性的に先行する原理へと遡(さかのぼ)っていくことで，その原理によって私たちに現れる事実が基礎づけられていることが理解される。この「より先なるもの」の逆転と双方向性の構造が，私たちが事実把握において，不分明な形であれ，すでに真理に触れているという見方を基礎づける。

そうして真理は正しい言葉の使い方，考え方を通じて分析的に取り出される。妥当な推論の形式を整備して成立した論理学は，論証（アポデイクシス）を通じて知識（エピステーメー）の体系を確立する（筋 ⑧-9 参照)。他方で，アリストテレスは，探究対象の類に応じて各学問は独立であり，それぞれが個別の知識体系をなすと考えた。各学問には固有の原理があるからである。それらの学問にはまた，共通する原理，例えば無矛盾律や排中律などがあるが，それらは肯定否定の両面を吟味する訓練である問答法によって確保される。

アリストテレスにおける「知識」は，現代考えられるような情報やデータの集積ではなく，私たち人間がそれぞれの事柄の原因を認識することで「他でありえないと判断する」魂のあり方である。それゆえ『ニコマコス倫理学』第 6 巻は「知性的な徳」を論じる中で，知識を一つの徳として規定している。「知る」とは，何よりも知性的存在としての人間の優れたあり方なのである。

8. 表象による把握：ストア派，エピクロス派

物体主義をとり超越的な対象を認めなかったヘレニズム期の哲学では，ストア派もエピクロス派も，人間の認識はまずは外界の事物が感覚器官を触発することで得られる「表象（ファンタシアー）」から形成されると考えた。

「表象」という概念はプラトンに由来し，アリストテレスが感覚と知性の中間に位置づけて論じたが，後に「想像力（イマジネーション）」の意味を帯びていく。ストア派では，外的対象から魂のうちに生み出された表象が「把握的」になった時に知識となるとされた。同じ事物の表象が繰り返し印刻されると一般的な概念が成立する。それはエピクロス派で「先取的認識」とされるものと同様である。ストア派が生き物の魂に位置づける統轄的部分（ヘーゲモニコン）としての理性は（筋⑥-9参照），表象によって被る情態を言語によって表現し，それらを通じて思考するのである。

ストア派の想定によれば，表象が把握的になる過程は，まず知覚が何かの表象を承認することから始まる。そういった知覚判断のうち，偽でありえないような確実な表象が把握的表象として実在を知る認識となる。キティオンのゼノンはそれを手の比喩で示している。すなわち，彼は指を開いた手を差し出し，指を少しずつ閉じていき，それが統轄的部分が表象に対して承認を与える過程とし，こぶしを握りしめて，それが「把握」であるとしたのである。しかし，この理論に対しては，同時代から多くの疑問や批判が向けられた。

エピクロス派の認識論は，ストア派と多くの共通性をもっていた。デモクリトスが原子と空虚からなる真理と人間の慣習的な認識の間に隔絶を見たことで，原子論はその後懐疑主義に陥ったが，エピクロスはそれ

を独自の認識論によって救済した。エピクロスによれば，外部に存在する事物が引き起こす感覚は全て真なる表象であり，人間の認識に虚偽が生じるのはそれをめぐって判断が誤るからである。感覚を引き起こすのは事物からの流出物であり，例えば，目の前の木からその形の薄い皮膜である「影像（エイドーラ）」が発出して目に入って「木」として把握される。影像は移動過程で空気中で原子の衝突で形が崩れる場合があり，そうして，遠くにある事物は不明瞭や歪(ゆが)んだ形姿で捉えられる。また，想像上の動物や神の観念は，そうして受け取った表象が残存して変形したものである。こうした物理因果的説明は，素朴であるが，一貫した知覚理論を提供した。

9．全てを疑う：アカデメイア懐疑派，ピュロン

私たちの認識や判断が不確実であり，真理を捉えられないという見方は，「常に探究（スケプシス）を続ける」という懐疑主義（英，スケプティシズム）を生み出した。プラトンの学園アカデメイアでは，ソクラテスの論駁や不知の自覚を重視してプラトン対話篇のアポリアー的性格を基本におく懐疑主義が，アルケシラオス以来2世紀近く栄えた。とりわけカルネアデスは，あらゆる知を疑う賛否両論の議論を展開し，他方で「蓋然的」という考えを導入して実践的な生き方にも対応した。それはアカデメイア派懐疑主義として，キケロを通してアウグスティヌスら古代後期に影響を与えた。

懐疑主義のもう一つの起源は，前4世紀末から前3世紀に活躍したエリスのピュロンにある。アレクサンドロス大王の遠征に随行してインドに赴き，裸の修行者たちにも会ったというピュロンは，徹底した懐疑の生き方を実践して，弟子のティモンの著作を通じて懐疑主義者のモデルとなった。ピュロン主義は，ローマ期にセクストス・エンペイリコスの

包括的な著作でまとめられて，近代に受け継がれた。

セクストスは懐疑主義を，どんな仕方でも「現れ」や「思考」を対置する能力であると定義した。私たちがある命題を主張すると，必ずそれに対立する命題を主張する論拠が得られる。そうして対立する言論の拮抗ゆえに「判断保留（エポケー）」に至り，最終的に「無動揺」という平静の心持ちに達するのである。私たちは何かを信じると，それが誤りであると分かることで動揺や失望が生じるが，そういった独断に陥らないように常に懐疑的な探究態度を維持することが，懐疑主義者の生き方であった。

セクストスは「懐疑主義の方式」として10の思考法を示し，どんな主題についても議論を展開する懐疑主義の全体像を後世に伝えた。ピュロン主義では，私たちが知ることができないと考える不可知論でさえ一種の独断とされ，実在について何も確定せず判断を保留しつつも，「現れ」に従って生きるという実践的な態度が勧められた。

10. 知性と存在の一致：プロティノス

プロティノスは「一者」を中心とする哲学で，「知る」ことの根源的なあり方を示した（筋③-10参照）。

プロティノスの哲学において「知る」とは，一者が自己へと振り返ることで生まれる反省的なあり方である。その反省的なあり方が「知性（ヌース）」として展開され，私たちが生きる世界においては対象との関わりで真偽が決まる認識となる。プロティノスの見方では，最初に外界の事物とそれを受け取る魂があってその間で生じる合致が真理や認識となるのではなく，そもそも知る主体と知られる対象が一つのものであったその大元（おおもと）へと還帰することが「知る」という事態であった。

この考えは「存在と思惟は同一である」というパルメニデスの詩句へ

のプロティノスなりの解釈に基づいているが，アリストテレスが「魂はある意味では万物である」と語った認識論をも受け継いでいる。中世にトマス・アクィナスが「事物と思考の一致」と定義し，近代に受け継がれる「真理」の捉え方は，プロティノスの究極の一者という論拠に基づくものであった。

プロティノス
〔ユニフォトプレス〕

知性界に起源をもちながら感覚界に生きる「両生類的」な私たち人間の魂は，思考（ディアノイア）という限定的な知性に与っているに過ぎない。だが，その私たちが知性へと向き直り，イデアの知を受けることで，現在の分散的な知と生き方を再び統一された知と存在へと回復することが目指される。「神との合一」という神秘主義的な境位で求められる知のあり方は（筋 ⑤-10参照），認識の完成が存在そのものであるという古代の認識論を，究極の仕方で示したものなのである。

#まとめてみよう！　「知る」ことの可能性をめぐる考察

私たちが世界や真理について知ることが，どのような問題を孕(はら)んでいて，それに対してどのような態度や考え方があったかを整理して検討しよう。古代ギリシアで登場した知識や認識の多様な立場が，近現代の哲学でどう展開されているかを調べよう。

参考文献

J. W. メイランド，M. クラウス編『相対主義の可能性』，常俊宗三郎，戸田省二郎，加茂直樹訳，産業図書，1989年（原著，1982年）

入不二基義『相対主義の極北』，ちくま学芸文庫，2009年（原著，春秋社，2001年）

プラトン『メノン ―徳について』，渡辺邦夫訳，光文社古典新訳文庫，2012年

プラトン『テアイテトス』，渡辺邦夫訳，光文社古典新訳文庫，2019年

田坂さつき『『テアイテトス』研究 ―対象認知における「ことば」と「思いなし」の構造』，知泉書館，2007年

酒井健太朗『アリストテレスの知識論 ―『分析論後書』の統一的解釈の試み』，九州大学出版会，2020年

J. アナス，J. バーンズ『古代懐疑主義入門 ―判断保留の十の方式』，金山弥平訳，岩波文庫，2015年（原著，1985年）

田中龍山『セクストス・エンペイリコスの懐疑主義思想 ―古代懐疑主義をめぐる批判と回答』，東海大学出版会，2004年

12 哲学史の筋 ⑩：真理探究の学問

《学問への問い》　哲学はどのように学問を成立させたのか？

哲学は生きる知恵や教えから，やがて学問知識を追究し教育する役割を担うようになり，自然科学・社会科学・人文学の基礎となった。その際，知識をどのように体系化し，諸学問をどう位置づけるのかが議論の焦点となった。数学を基礎におくか，自然探究を中心にするか，弁論術など実践知を重んずるかで学問の形は異なる。それらの学問の伝統を受け継ぎ，一般社会に普及させる学校制度も，哲学が中心となって担ってきた。

1. 自然探究：アナクシマンドロス

「全ての人間は知ることを求める」。これはアリストテレスが『形而上学』A（アルファ）巻の冒頭で語った言葉であるが，そうだとしたら，古代ギリシアでの「知の愛求（フィロソフィアー）」は何が特別だったのか。

私たちが生活していく上で必要で実際に役に立つ知は，どの文明でも培われており，ギリシアに先立つメソポタミアやエジプトでも高度な知識が発達した。幾何学や天文学の元になる測量術や暦法である。ナイル川が定期的に氾濫するエジプトの地では土地の測量が必要であり，ピラミッドなどに代表される高度な建築技術は，ギリシア哲学が成立するはるか以前に成立して長い間受け継がれていた。また，暦を作成するための天体観測は政治や宗教の重要な手段であったが，そうした先進文明での知識や技術は一部の祭司・僧侶階級に独占されていた。イオニアで始まった哲学は，3つの点でそれらの知識とは異なる。その特徴は「観想

(テオーリアー)，探究（ヒストリアー)，人間」である。

第1に，測量にせよ暦の作成にせよ，それまでの知識の追究と獲得は具体的な実践のためになされていた。知識は政治や生活に役立つものであり，それゆえその知の所有は権力にも結びついていた。だが，イオニアで始まった哲学はそういった実際の使用や利益をまったく考慮せずに,「知る」ことそれ自体を求める姿勢であった。それは,「観る（テオーレイン)」を重視し「実行する（プラッテイン)」とあえて距離をとる態度から,「観想（テオーリアー)」と呼ばれる。

第2の特徴は，体系的な探究である。エジプトの測量術やメソポタミアの天体観測などは実践に有用な情報を蓄積したが，それらが全体として一つの「知識」になるという体系を志向したのがギリシアの哲学者たちであった。イオニアで自然の「探究」を始めたアナクシマンドロスは，宇宙とその中での地球のあり方を合理的に説明し，宇宙の秩序を数学的な比例で捉えようとした（筋①- 3参照)。そうした考察は何か具体的な場面で役立つことはないとして，宇宙を全体として体系的に捉える探究の出発点となった。

第3に，そうした探究は散文で表される人間の営みとされ，吟味と検討によって次第に進歩していくことが期待された（筋④- 2参照)。つまり，探究は特権階級や知識人の専有物ではなく，人間の誰もに開かれていた。それがギリシアで学問を生み出す基盤となった。

イオニアで生まれて展開した「探究」は，今日の自然科学や社会科学の原型を生み出した。ミレトス出身のヘカタイオスやハリカルナッソス出身のヘロドトスは歴史や地理を探究し，コス島ではヒッポクラテスが医学を発展させたが，彼らは皆イオニア的な探究の遂行者であった。また，天文学や数学もそういった知の探究の営みと連動して，体系的な理論を追究していったのである。

2. 数学的学問：ピュタゴラス，フィロラオス，アルキュタス

タレスはエジプトで幾何学を学んでギリシアに持ち帰ったと言われ，いくつかの幾何学の命題が彼の発見に帰されている。また，アナクシマンドロスは，すでに見たように，宇宙と地球のあり方を数比で表した。ギリシア哲学はこのように当初から数学的な発想と結びついていたが，それを哲学の営みそのものに位置づけたのはピュタゴラスと彼の学派である。

ピュタゴラスについては，どれくらい数学に従事したかは現代の研究者の間で論争があり，彼が学問とほとんど関わらないシャーマン的な宗教指導者であったとの見解もある。だが，ピュタゴラスの名前を冠した学派が集中的に数学を取り上げ，万物は数でできていると考えていたことから（筋 ③- 4 参照），それが始祖ピュタゴラス自身の発想によると考えるのは自然であろう。後世で「ピュタゴラスの定理」と呼ばれた三平方の定理が彼の証明によるとまでは言えないにしても，イオニア自然学の探究を受け継いだピュタゴラスが宇宙の秩序を数の比率で表そうとしたと考えるのは無理がない。実際，ピュタゴラスは「コスモス（秩序）」という語を「宇宙」という意味で用いた最初の人と言われている。秩序は数の間の比率や調和で成り立つからである。

ピュタゴラスの教えを哲学的な学問にしたのは，前 5 世紀後半にギリシア本土で活躍し，前 4 世紀に南イタリアに戻ったフィロラオスである。フィロラオスの著作の冒頭にはこうあった。

> 宇宙秩序（コスモス）における自然は，無限のものと限定するものとから調和された。宇宙秩序の全体とそのうちにある全てのもの

が。(DK 44 B1＝LM PHILOL. D2)

「調和（ハルモニアー)」は数と数の比率的な関係であり，宇宙の秩序や音階理論に用いられた。万物は事物の間の適正な比率のバランスで成り立っており，それが調和だと考えたのである。

知られるものは全て数を持つ。というのは，数なしでは，何であれ，考えられたり知られたりしないからである。(DK 44 B4＝LM PHILOL. D7)

数学と数の理論が宇宙の存在論であり，それを知性が把握することで知識となる。調和は比例を基本とする数学的概念であり，フィロラオスは幾何学が諸学の「母市」だと主張した。母市とは植民市にとって植民者を送り出す元のポリスであり，派生関係を示す。こうしてフィロラオスにより，学問は幾何学を中心に構築された。

フィロラオスの後を受けたピュタゴラス派の代表的哲学者アルキュタスは，前4世紀前半に南イタリア・タラスで政治家として活躍すると同時に，数学と音楽の理論家として優れた業績を残した。有名な音階の理論は，彼らピュタゴラス派が発展させたものである。調和（ハルモニアー）論，算術，幾何学，音楽は数学的諸学として姉妹的なあり方をしているが，アルキュタスはそれらに加えて「ロギスティケー」という学問を打ち立て，それが諸学問の要であると考えた。「ロギスティケー」は算術と重なり「思考計算」を司る学問で，数学的な比率の探究により，社会における経済的平等実現の基準となると考えられた。適正な比率を実現する規範として「ロギスティケー」は，人間理性を通じて正義を実現する働きをもつとされたのである。

数学を知識と学問の中心に置く発想は，プラトンが『ポリテイア』第7巻で本格的に展開した。そこでは，哲学の教育課程として「算術，平面幾何学，立体幾何学，天文学，音階論」という順で知の段階を上昇し，その基盤の上で哲学そのものにあたる「ディアレクティケー」に従事できるとされた。プラトンはアルキュタスの数学的諸学の体系を取り入れながらも，耳や感覚を通じて数比を求める経験的な学問の態度を批判し，純粋な知性の涵養（かんよう）のための数学という教育・学問理念を打ち立てた。プラトンに受け継がれたピュタゴラス派の数学重視は，その後の西洋文明の基礎を築いたのである。

3．学知の教授：ヒッピアス，イソクラテス

初期哲学が宇宙や自然物の生成変化に主な関心を寄せて，その理論を徹底して追究したのに対して，前5世紀半ばからアテナイを中心に発展した古典期哲学は，言語や社会や倫理についてより広い知識を扱った。とりわけ，前5世紀後半から前4世紀にかけて活躍したソフィストたちは，学問と知識のあり方に大きな変化を起こした。それまで社会の指導層にいた一部の知識人が書き物を通じて思想を表明していた哲学の営みが，社会で活躍したい一般市民たちに「徳（アレテー）」を教えるという，開かれた形式に変わったのである。

最初のソフィストであったプロタゴラスやゴルギアスらは，アテナイやギリシア各地を訪問しながら，その地の若者たちに教育を授けることで大きな影響を与え，多額の授業料をとっていた。彼らが教える内容は各人で特色があったが，共通しているのは人間としての「徳」を涵養するという目標と，「言論の技術」という教育内容であった。ソフィストたちはまた，天文学や数学や歴史や倫理や宗教などの具体的な学術の知識を生徒たちに授け，とりわけエリスのヒッピアスはそれらを系統的に

まとめる作業を行い，各種の資料集編集の先駆者となった。知識はこうして一般に開放され，政治や社会活動により結びつくものとなった。彼らが教えた「言論の技術」すなわち弁論術は，民会などの政治場面，法廷という司法の場面，そして祭典など様々な公的場面で人々が演説や討論する力を授けた（筋 ⑧- 5 参照）。

ゴルギアスの弟子の一人でヒッピアスの女婿であったイソクラテスは，前 390年頃にアテナイに弁論術を教える学校を開き，長期にわたって生徒に学識を授ける教育システムを導入した。平均 6 名ほどの生徒が 3 年から 4 年かけて弁論術を中心に「哲学」の教育を受けるシステムは，一時的な知識の授受ではなく，共同生活においてまとまった課程を学ぶ，密度の高い教育であった。イソクラテスが教えた言論技術と実践知と歴史の教養は，ローマからルネサンスの人文学の原点となった（筋 ⑧- 7 参照）。

4. 学園での研究：プラトン，スペウシッポス，クセノクラテス

イソクラテスが弁論術の学校を開設して数年後にあたる前 387年頃に，プラトンはアテナイ市街西北のアカデメイアに学園を開いた。プラトンの学園開設には 2 つの重要な契機があった。ピュタゴラス派の共同体の理念，およびソクラテスの哲学活動への反省である。

第 1 に，プラトンは南イタリアを訪問してピュタゴラス派の共同体に接し，彼らの哲学と共同生活に大きな影響を受けた。学園アカデメイアはピュタゴラス派をモデルに設計されたが，例えば「共同食事（シュスティティア）」は友愛を重視したピュタゴラス派から取り入れた共同体の公式行事で，プラトンはそこで質素な食事を心掛けたと伝えられる。

第 2 に，学園での哲学に専念した背景には，ソクラテスの哲学営為へ

の反省があったと推測される。体育場やアゴラ（公共広場）などアテナイ市内各地で一般の人を捕まえては哲学の対話を行い，時には多くの人の前で相手をやりこめたソクラテスの論駁は，人々の誤解を招き反感を買って終には裁判に至った。プラトンは哲学を自由な言論（パレーシアー）で遂行する難しさを身近で体験し，その営みを「学校」という場に特化することで自由で自律的な言論の空間を作り出す。学園アカデメイアは公共の場にまたがり一般の人々にも開かれていたようであるが，それでも学問のための空間という独立性は確保された。学園の内では政治上の対立も身分や出身の違いも一切なく，誰もが哲学そのものに従事する。そんな学問と言論の場が学園アカデメイアであった。

ソフィストの教育やソクラテスの対話が基本的に一時的か短期的な出来事だったのに対して，アカデメイアは共同生活する構成員が活動する恒常的な場であった。それは個人の独創やカリスマに依存しない，組織としての継続性と伝統を保証する制度であった。図書館などの研究設備もあったはずである。

そのアカデメイアにはギリシア各地から生徒が集まったが，中には女性の入門者もいた。マンティネイア出身のラステネイアとプレイウス出身のアクシオテアで，後者は男装して通っていたとの報告もある。男性が政治や社会の表舞台に立っていた時代に，男女の隔てなく成員を受け入れていたアカデメイアは，革新的な組織であった。この習慣の背景にもピュタゴラス派の影響が窺われる。

プラトンはある時「善について」という題で講義したが，期待して集まった聴衆は，数学を中心とし「善は一である」と結論づけた講義の内容に失望したと伝えられる。この報告は逆に，プラトン自身は通常講義を行わず，構成員たちが自由な議論と研究に従事していたことを示している。喜劇詩人エピクラテスが作品でからかった場面では，アカデメイアの体育場に集う教師プラトンとスペウシッポスやメネデモスら若者たちがひょうたんを前に，それを「野菜」に分類すべきか「草」か「樹木」かを議論していた。喜劇の一場面ではあるが，最先端の議論に集中する学園の人々の様子がよく分かる。一般の人々も，アカデメイアでのこういった授業風景を普通に目にしていたのであろう。

他方で，アカデメイアは政治を哲学から考究する場として，実際の政治にも関わっていた。その様子は，シラクサでディオンが反僭主（せんしゅ）の蜂起をした際にアカデメイアからも複数の成員が参戦したことからも知られる。また，プラトン，スペウシッポス，クセノクラテスという歴代学頭は，シラクサやマケドニアなどの君主とやりとりを行い，時にアドバイスも与えていた。

学園アカデメイアでの共同研究には，私たちが生きて経験するこの世界のあり方を説明する理論，つまり「現象を救う」という課題があった。プラトンは数学者や天文学者の仲間たちに，「どのような基礎定立（ヒュポテシス）を立てれば，惑星の見かけ上の不規則運動を規則的に説明できるか」という問題（プロブレーマ）を与えたという。天体の運動を説明することはイオニア自然学以来の重要課題であったが，とりわけ，複雑で不規則な運行をする「惑星」（英語「プラネット」は彷徨（さまよ）う者の意）を数学的モデルで説明することは，近代以後の自然科学に原則を提供した。

5．共同研究：アリストテレス，テオフラストス

学園アカデメイアでプラトンや仲間たちと 20 年間研究したアリストテレスは，その後遍歴の時代を経て前 335年にアテナイに戻り，リュケイオンの体育場に学園を創設して，同僚のテオフラストスやロドス出身のエウデモスらと共同研究にあたった。数学を重視してピュタゴラス派

アリストテレス
〔ユニフォトプレス〕

の影響が強くなっていくアカデメイアとは異なり，アリストテレスは数学よりむしろ生物学を中心とする自然学を重視し，ギリシア各ポリスの国制を議論する独自の共同研究を行った。

アリストテレス自身は「万学の祖」と呼ばれるほど広域の学問に基礎を与え，その後の学問のあり方に道を開いた。学問を遂行する方法を与える論理学は，言論の基礎分析から推論の体系，知識論までを整備した（筋⑧-9，⑨-7参照）。自然学では，自然の原理論から天文学・気象論・生物学・魂論（感覚論・知性論）・基本要素論まで，総合的かつ詳細に論じられる。その延長上に，後世「メタ・フュシカ（自然学の後）」と呼ばれた形而上学の論考が書かれた。

また，それら必然的な事柄に関わる理論学とは異なり，人間の選択行為を論じる実践学には倫理学と政治学がある。そこでは数学などの理論学のような厳密さや正確さは求められないが，「おおよそこのようである」という考察が与えられる。倫理学はただ知ることではなく，実際に有徳な人となることが目指されるとされる。また，理論学と実践学に加えて制作学が立てられることがあるが，具体的には文芸作品を論じる「詩学」だけが残された。これら学問の分類と組織化は，学園アカデメイアから始まっているが，アリストテレスの著作を通じて西洋で定着していく。

リュケイオンではアカデメイアにまして共同研究が進められたが，自然学についてはその原理論から天体論や動物学までをアリストテレス自身が担当し，植物学と鉱物学や風や火などの考察にはテオフラストスが考察を残した。また，158あったというギリシア・ポリスの国制の調査には学園の多くの研究者が関わったと考えられるが，アリストテレス本人が中心になって執筆した『アテナイ人の国制』(大部分がパピュロスで現存）はその最大の成果であった。また，アリストテレスの哲学方法に由来する哲学諸部門の「学説誌」では，テオフラストスが自然学の学説を総合的に収集整理して後世に伝えた。

6．生き方の共同体：エピクロス

前 4 世紀にいくつかの学校が開かれて以来，アテナイは哲学と学問の中心地となったが，エピクロスもサモスからアテナイに出て学派を開いた一人であった。エピクロスは若い頃にアテナイで過ごした後，各地を回って前 307年頃に再びその地に戻り，市街と外港ペイライエウスの間にある「庭園」と呼ばれる土地で学園を開いた。

エピクロスの学園はアカデメイアやリュケイオンとは異なり，学問研究を本格的に遂行する場ではなく，エピクロスの哲学を共有してそこで共通の規則を守って生活する友人たちの共同体であった。庭園には女性や奴隷も受け入れられ，心の平静に向けた修養を共にした。

その集団がエピクロス派と呼ばれるが，「隠れて生きよ」という標語に象徴されるように，都市の公共生活から距離を置いて，友情を重んじる個人的な生き方を推奨した。

エピクロスは弟子たちに書簡を送って原子論と快楽主義の教えを伝え，庭園の構成員はそれを暗記することで教えに忠実に従っていた（筋④- 8 参照)。その意味で，エピクロス派は真理を追究する開かれた哲学の学派というより，信条を共有する宗教共同体に近いものだったかもしれない。

エピクロス派はアテナイの外でも広まり，実際にはエピクロス自身とは異なる理論を展開する哲学者たちも現れた。共和制末期にエピクロス派はローマ社会で大きな影響力を振るい，貴族にも信奉者が多くいたことが，ヴェスヴィオ火山の噴火で灰に埋もれたヘルクラネウム（イタリア名，エルコラーノ）での「パピュロスの館」などで確認される。そこにはエピクロス派哲学者フィロデモスの著作や蔵書が収蔵されていた。

7．総合的学知：キティオンのゼノン，ストア派

キティオン出身のゼノンもアテナイに出てソクラテスの哲学に接して哲学を志し，前300年頃にアテナイの彩色柱廊（ストア・ポイキレー）を拠点に哲学の講義を始めた。彩色柱廊はアゴラの一角にあり，エピクロスの庭園とは異なり公共の空間を使った学術活動であった。ゼノンの周りには若者たちが集い，彼から徳の生き方を聴いて学んでいた。

ゼノンはシノペのディオゲネスの弟子クラテスに学んだとされ，社会制度への批判や「有徳な人々からなる共同体」という理念など，キュニコス派に共通する特徴が彼の思想には多く見られる（筋②-6参照）。だが，関心が生き方の実践にあったキュニコス派とは異なり，初期ストア派は自然や論理を重視する総合的な哲学を展開した。哲学を「自然学，倫理学，論理学」の3部門に区分したのはクセノクラテスの着想を受けたストア派とされるが，彼らにとってそれら3部門は一体であった。

「自然に従って生きる」という目的を共有したストア派は，クレアンテス，クリュシッポスという学頭に引き継がれ，ヘレニズム期の中心哲学学派となった。ストア派は，対抗するエピクロス派や，アカデメイアの懐疑派と盛んに論争することで学説を発展させた。懐疑派との関係では，ゼノンに対してはアルケシラオスが議論を挑み，クリュシッポスの理論にはカルネアデスが反論を加えて，それに対してストア派の後継者たちは理論に修正を加えながら反論を行った。

ストア派は内部で多様な立場を許容する緩やかな学派で，中期ストア派のパナイティオスやポセイドニオスはプラトン哲学も積極的に取り入れた。ローマ期の後期ストア派に数えられるセネカ，エピクテトス，マルクス・アウレリウスは，ストア派の理論家というより，社会における実践的な教えを体現する哲学者であった。

8. 自由学芸：アレクサンドリアのフィロン

アカデメイアやリュケイオンなど哲学の学園で専門的に従事される哲学や諸学問とは異なり，その基礎となる入門的学問や，専門家ではない一般の人々が持つべき教養も古代から広く整備された。「自由学芸（ラテン語，アルテス・リベラーレス)」と呼ばれる教育の理念は，ギリシア語の「エンキュクリオス・パイデイアー」にあたるとされる。

この理念は，しばしばギリシアの初期や古典期に遡（さかのぼ）るように想定されているが，プラトンやアリストテレスにはそれに該当する考えはなく，おそらくヘレニズム期に次第に整備されてローマ期に形をとった考えであろう。

「文法学，弁論術，弁証論（論理学)」という3学と「数学，音楽，幾何学，天文学」という4科の組み合わせや位置づけには様々な問題があり，理念の統一的な構想があったとは認められない。ヘレニズム期には，ストア派やエピクロス派の中で入門的諸学の必要性や有効性について議論が戦わされており，哲学専門と区別された一般教育に対しては，多くの哲学者が否定的態度を取っていた様子も窺われる。

それに対して，紀元前後のアレクサンドリアでは自由学芸に積極的な位置づけが与えられていた。前1～後1世紀にアレクサンドリアで活躍したユダヤ教の哲学者フィロンは，『予備教育のための交わりについて』などの著作で「エンキュクリオス・パイデイアー」を論じていた。プトレマイオス朝の庇護（ひご）のもとで図書館を中心に研究が栄え，文献学が生まれたアレクサンドリアで，ギリシア文化の教育が何らか中心的な役割を果たしたと考えられる。フィロンら異文化の背景をもつ知識人にも共通で与えられた教育が，やがてローマ帝国で新たな学問風土を作り出したのであろう。後にローマ人がギリシアに範を求めた時に直接に参照されたのは，実際にはヘレニズム後期のアレクサンドリアで展開された理念だったはずである。

5世紀のマルティアヌス・カペッラが『フィロロギアとメルクリウスの結婚について』で，初めて明確に自由7科を提示したとされ，数学諸学科を4科として論じたのはボエティウス『算術教程』である。こうして成立した自由学芸は，ラテン西欧で13世紀頃に登場した「大学」を通じて近現代の教育に受け継がれていく。

9．注釈の知：アフロディシアスのアレクサンドロス，プロクロス，ボエティウス

アレクサンドリアでは，古くから受け継がれた文献を編集して読解する文献学が成立し，ホメロスの叙事詩などが研究された。また，ユダヤ教の『聖書』（旧約聖書）がギリシア語の『七十人訳聖書（セプトゥアギンタ）』に翻訳されるなど文化交流が広がる中で，注釈（英語，コメンタリー）を書く伝統が生まれた。

哲学著作に関しては，プラトンやアリストテレスの著作はそのままでは難解で手ほどきが必要であったことから，内容を説明したり補足の議論をする注釈が付された。それは学校での講義でなされたことが多く，プラトン主義やアリストテレス学派のカリキュラムに対応するものであった。

後3世紀前半には，ペリパトス派の学頭アフロディシアスのアレクサ

ンドロスがアリストテレスの講義録に本格的な注解を著して，決定的な影響を残した。アレクサンドロス自身もアリストテレス主義に基づく哲学書を書いており，注釈はその基礎作業であった。3 世紀後半にプロティノスの著作を編集したポルフュリオスも，アリストテレスの著作に注釈を著したが，それはプラトン哲学とアリストテレス哲学が調和しているという信念に基づく作業であった。彼がアリストテレス『カテゴリー論』の入門として著した『エイサゴーゲー』は，ボエティウスのラテン語訳を通じて中世に受け継がれて「普遍論争」を引き起こす。

その後，シュリアノス，フィロポノス，シンプリキオスら新プラトン主義哲学者は，アリストテレス著作の注釈に取り組んだが，それは，プラトン哲学の真意を理解するためには，その準備としてアリストテレス哲学を学ぶ必要があるという教育プログラムに基づくものであった。当然，プラトン哲学そのものへの注釈もなされた。プロクロスの『ティマイオス』『パルメニデス』注解はその奥義に関わる講義であり，オリュンピオドロスやダマスキオスら後期のプラトン主義者もいくつかの対話篇に注解を残した。

アリストテレスの論理学著作については，ラテン語で注解したボエティウスが中世に大きな影響を与えた。

10. プラトン哲学の体系化：プロクロス

後 3 世紀にローマで講義したプロティノスは，アテナイの学園アカデメイアとの関係は薄かったが，彼が開始した新プラトン主義はプラトン哲学を受け継ぐアカデメイアに拠点を移して発展を遂げた。5 世紀にアレクサンドリアで新プラトン主義の哲学を学んだプロクロスは，アテナイに来て学園アカデメイアでシュリアノスらに学ぶ。彼はプラトン哲学の研究と生き方を発展させて，アカデメイアの学頭となった。その後学園は，マリノス，イシドロス，ダマスキオスという学頭に継承されて，古代末期に最後の繁栄を見せた。

古代に様々な学校や学派で競争的に展開された哲学や学問は，実験や観察によって確かめられる次元を超え，理論としての整合性や卓越性をめぐって競われた。とりわけ，最小の数の原理によって多様な世界のあり方をどのように整合的に説明するか，が哲学者に共通の課題となる。そのプログラムを担いながら，原理の探究とその原理を超える根源への思索を繰り広げたのが学園アカデメイアであり，そこを中心に活躍したプラトン主義の哲学者たちであった。ユスティニアヌス帝による529年の学園閉鎖は，その意味で古代ギリシア哲学の終焉（しゅうえん）となった。

#まとめてみよう！　哲学がどう学問となり，それを基礎づけるか？——

根源的な思考と探究の活動であった哲学が，どのように学問という形をとったのか。また，古代哲学の経緯が中世から近現代にどのように受け継がれて現代の大学の哲学となっているのか。この過程がもたらした功罪を，現代の哲学を射程に入れて考えてみよう。

参考文献

H. I. マルー『古代教育文化史』，横尾壮英（たけひで）他訳，岩波書店，1985年（原著，1948年）

廣川洋一『ギリシア人の教育 —教養とはなにか』，岩波新書，1990年

廣川洋一『プラトンの学園アカデメイア』，講談社学術文庫，1999年（原著，岩波書店，1980年）

G. E. R. ロイド『アリストテレス —その思想の成長と構造』，川田殖（しげる）訳，みすず書房，1973年（原著，1968年）

山口義久『アリストテレス入門』，ちくま新書，2001年

W. イェーガー『パイデイア —ギリシアにおける人間形成』上巻，曽田長人（たけひと）訳，知泉書館，2018年（原著，1934-1947年）

Pierre Hadot, Philosophy as a Way of Life: spiritual exercises from Socrates to Foucault, edited with an introduction by Arnold I. Davidson; translated by Michael Chase, Blackwell, 1995.

13　ギリシア哲学の特徴

《問いを展開する特徴》　哲学の問いはどう連関するか？

ギリシア哲学を10の問いと応答の筋で辿(たど)ってきたことで，新たに見える風景がある。古代ギリシアでは，現代では別とされる諸領域が一つの大きな知の営みとして始まっていたこと，それが次第に分岐して発展していったことである。その流れを作ったのは，観想としての哲学，及び問いと答えを通じた競争的な発展である。ギリシア哲学者たちは，対立と類比の思考を通じて，人間，世界，知性という問題を一つの哲学の流れとして明確化していった。

1．総覧による把握

ギリシア哲学においてどのような問いが問われてきたかを，10の筋に整理して検討してきた。これらの筋は，現代では「世界観，倫理学，自然科学，哲学方法論，神学・宗教哲学，存在論，言語哲学・論理学，認識論，学問論」と呼ばれる哲学領域をなし，その源流となったものである。

ここで重要なことは，第10の筋で概観したように，古代の哲学においてこれらの領域は当初は截然(せつぜん)と分かれておらず，「フィロソフィアー」という言わば一つの大きな知の流れとして始まっており，それらが問いとその応答として展開する中で次第に区別されて，学問領域として成立した点である。さらに，それら10の筋も互いに連関しあっていて，他から切り離して単独に取り出せるものではない。例えば，いかに生きるのかという問題（筋②）は，私たちが生きる世界はどのようなものかという世界への問い（筋①），その始源は何かという原理的な問い（筋③）と一体であり，さらに魂や言論や認識といったそれぞれの問いと結びついて，初めて十全な探究となる。それらの探究を言論に表現して追究する営みが「フィロソフィアー（哲学）」であった。

こういった流れが生まれてから2000年が経（た）った現代，私たちが慣れ親しんでいる学問領域区分の原点に，全てを知ろうとする哲学の営みがあったことを理解することが，古代哲学を学ぶ一つの意義である。

10の筋で整理した今，全体を総覧（シュノプシス）することで，古代ギリシアでの多様な知的営みが総合的に捉えられる。これまでの議論では，同じ哲学者や学派が複数の筋にわたって登場してきたが，横につないで見ると，そこには一人の哲学者が一つの時代に遂行した一つの哲学がある。例えば，ヘラクレイトスやプラトンやアリストテレスやエピクロスはほとんど全ての筋に登場していたが，彼らは領域やテーマごとにばらばらな思索を展開していたのではなく，一つの全体を扱っていた。ちょうどヘラクレイトスが，「全てが一であることにロゴスを共にすることが，知である」（DK 22 B50＝LM HER. D46）と語ったように。

ギリシア哲学の主な筋を総覧し，そこに共通する特徴を検討することが重要である。それらの筋で哲学そのものを推進した力として，「観想（テオーリアー）」と「競争（アゴーン）」という特徴を考察しよう。

2．観想（テオーリアー）

すでに触れたように，古代ギリシアの哲学をエジプトやメソポタミアといった先進文明や他の地域での文化から区別する一つの特徴は，知ることそれ自体を目指し，そこに人間のあり方の実現と幸福を求めた「観想（テオーリアー）」にある（筋⑩-1参照）。物事をありのままに見ることが「知る」ことであり，ギリシア語では「見る（イデイン）」という動詞は「知る（エイデナイ）」ことに通じている。「観る（テオーレイン）」という営みは，見る者と見られる対象という間で成り立ち，近代哲学では主体と客体と呼ばれる2者の関係で考えられる。だが，ギリシアにおいては，それらがまず別々に存在してその間で新しい関係が生じるというより，「観る」という一つのあり方において2つの側面として両者が成立すると考えられていた（筋⑨-10参照）。見る者はそれを見ることで対象と関わる自己のあり方を実現する。何を見るか，どう見るかで見る者のあり方は変わっていくが，その変容が「知を愛し求める」という哲学で遂行されたのである。

万物の始源について「水だ」と語ったタレスには，観想を代表する哲学者としての逸話が残されている。ミレトスの政治家として実務でも知恵を発揮したタレスであったが，実践に用いられる知識には重きをおかず，根源的な問いを思索した。人々がタレスの貧困をあげつらい哲学の無用さを非難した際，彼は天体や気象の知識を活用してオリーブの豊作を予測し，冬の間にミレトスとキオスの全てのオリーブ搾油機を安価で契約して，収穫期に大儲(おおもう)けしたという。それを報告したアリストテレスは，その行為によってタレスが「哲学者は望む場合には簡単に金持ちになれるが，それは真面目に取り組むことではないと示した」（『政治学』1.11）と言う。

ピュタゴラスが最初に語ったとされる「哲学者（フィロソフォス）」という人間のあり方は，3種類の人の比喩で示された。

> 人間の生は競技会に赴く人々に似ている。ある人は競技で勝利して名誉を得ることを求め，またある人はそこで物を売って利益を得ようとする。しかし，最も優れた人は競技を**観る**ためにやって来る。そのように，私たち人間の生においても，名誉や利益のような奴隷

> 的なものを求める生き方に対して，真理を観想し愛し求めるフィロソフォスの生こそが最も望ましい。

この比喩が示すのは，私たちが求めて生きる対象には金銭と名誉と知があり，その中で知を愛し求めること，つまり真理を観想することこそが人間に相応(ふさわ)しい営為だという基本理解である。金銭を求めて商売をしたり名誉を求めて政治や社会活動する生き方は「実践」を重んじる態度であるが，それからできるだけ離れて，真理そのものを徹底的に知ろうとする「観想」の態度こそが，知性を発揮する人間のあり方の実現なのである。

それゆえアリストテレスは，人間の幸福とは徳に即した現実活動であり，人間の最高の徳が知性である以上，それを現実活動させ実現する善きあり方は人間に固有の働き，即ち「観想（テオーリアー）」であると考えた（筋②-9参照)。幸福は自足的でそれ自体で望ましい活動である。この考えをさらに徹底させたのが，新プラトン主義のプロティノスであり，彼の哲学は観想の先にある「神との合一」という境位を目標とした（筋⑦-10参照)。

観想というあり方をする哲学は，外在する事物を見るという日常の経験から離れ，それを見る自己へ，そしてその起源にある「観る」というあり方そのものの成立へと遡(さかのぼ)る。見る者と見られる物が「観る」という関係にあるのは，それらが元来は一つであったという根拠に由来する。自己とは「観る」ことで成立するあり方であり，それゆえ，対象を見ることは自分自身を観るという「反省」を伴う。そこにある究極の自己は「思惟の思惟」（アリストテレス）として，知性と存在が一致する根源的なあり方（プロティノス）に他ならない。それが「観想」を重んじるギリシア哲学の考え方であった。

ギリシア哲学では，何かの役に立つとか生活が便利になるとかいった実用はあまり考慮されず，また，何かを動かして変えていくという実践も必ずしも重視されてはいない。無論，弁論術のように言論によって人の心や社会に働きかけるという実践も哲学の一部として追求され，実践的な知としての「思慮（フロネーシス）」も重んじられていた。だが，それらですら技法を身につけて行使するという単なる実践には留まらず，そのような実践がどのように可能であり，その根拠は何か，という理論的考察に裏付けられたものであった。このように，「観想」という枠組みを確立してそれを徹底的に追究した点が，古代ギリシア哲学最大の特徴であり，その中で諸々の領域や学問が成立してきたのである。この点は，多様な思索や議論を展開したギリシア哲学者たちの全てに共通する基盤と言える。

3．競争（アゴーン）

ギリシア哲学の営みから見て取れるもう一つの特徴は，それが競争的な関係において発展的に遂行された点である。ギリシア文化の特徴として「競争（アゴーン）」の精神が挙げられるが，それは社会のあらゆる側面で発揮される基本であった。

ホメロス叙事詩で活躍する英雄たちは，互いに武勇や戦果や武徳を競うとともに，それぞれが自らの立場や主張を言論で提示して討論しあい，開かれた競争を行っていた。武勇については，実際の戦闘場面だけでなく，戦死者を顕彰する競技会において競技で順位を競うといったイベントで，より印象的に発揮された。『イリアス』では，アキレウスが戦死した親友パトロクロスを讃える葬礼競技会を開催して，参加して競技した英雄たちに賞品を授与する場面が描かれる（第23巻）。そうして競って獲得を目指すのは，実利ではなく純粋な栄誉と，永遠に残る名声

古代オリンピック競技会
〔ユニフォトプレス〕

であった。

競争は互いに自らの能力をぶつけあって勝敗を決めるもので，そのために日々鍛錬を積んでいた。勝利は，自分自身や家や出身ポリスの名誉ともなるが，それ以上に，神が嘉(よみ)する人間の善きあり方であった。それを代表するのが，4年に一度聖地オリュンピアで開催されたオリンピック競技会である。ゼウス神に捧げるその祭典では，徒競走をはじめとする運動競技で，全ギリシアから集まった人々が肉体と精神を競う。そこでは，順位ではなく優勝だけが目指され，勝者に授けられる栄誉はオリーブ冠だけであった。スポーツというゲームにおいて勝敗を競う精神は，言論における競争，とりわけ哲学での論争に対応している。

神々に捧げる人間の制作品としては，神殿などに置かれる彫刻に加えて，アテナイで開催された悲劇と喜劇のコンクールがあった。ディオニュソス神を祝う春の祭典では，毎年新作がかけられて観客の投票によって順位が決まる。それは詩人にとって最高の栄誉であり，優勝をかけて言論の制作が競われたのである。アイスキュロス，ソフォクレス，エウリピデスといった悲劇詩人やアリストファネスら喜劇詩人は，前5

世紀後半のアテナイでソフィストや自然学者たちと知的風土を共有しながら，言論を通じて人生や世界についての模倣的再現を競った。

こういった自由な競争が可能となったのには，古代ギリシア社会では王や皇帝の強権が存在しないか弱体かであり，大小のポリスが多数並存する中でアテナイのような民主政が発展した政治的背景がある。エジプトやペルシアなど王権が絶対的で，その下で僧侶や神官の階級が代々知識を専有してきた社会とは異なり，市民であれば誰でも政治に参加し，支配の権力に与ることができる民主政ポリスでは，自身の能力を涵養して徳を発揮して他人と競う自由があったからである。

それを保証した「言論の自由（パレーシアー）」は，他方で激しい論争や非難を生み，政治においてはデーマゴーゴス（大衆煽動者）やシュコファンテス（訴訟常習者）を生み出した。アテナイでは，民会など政治議論の場では政策提案や審議に演説の能力が必須であり，法廷では告発する側も訴えられて弁明する側も，多数の裁判員の前で演説して評決を自分に有利にする必要があった。こうして随所で要求された競争（アゴーン）の精神は，哲学の発展においても決定的に重要な役割を果たした。論争は単に相手を退けて勝利するというだけでなく，正しい議論と誤った議論を選り分けるという考察を要求し，それが言論の学問へとつながったからである（筋 ⑧- 8 参照）。

4. 問いと答え

競争が成立するためには，それが行われる場の設定と参加者，さらに勝敗を決める審査員が必要である。競争を好んだギリシア人は，公正に行われる競技のルールと，公平な判定を重んじた。哲学における問題提起とそれに応答する論争は，そのような競争の秩序に則って進められた。

タレスが「水だ」と語って答えようとした「万物の始源は何か」とい

う問いをはじめ，ギリシアの哲学者はまず明確な「問い」を立て，それを共有した上で，それぞれが異なる「答え」を与えて対抗していた。競争は敵対だけでなく，同じ問いに向き合って生きるという「共生」を必要とする。哲学者たちは多種多様な営為を続けながら，一体として知を求め続けたと言える。そうして哲学の営みは，複数の問いを問いつつ，それに対して答える相互の織り成しで遂行された。さらに，それを判定する審査員として，ギリシアの知識人たちは互いに意見を交わし，厳しい批評眼を鍛えていった。

問いかけられた問いには，人類が長く受け継いできたものもあれば，誰かが新たに提示したものもある。世界のあり方についての問いは前者の代表であり，「ある」をめぐるパルメニデスの問いは後者の典型である。問いかけは相手に理解されて正面から応答されることもあれば，誤解されて別の問いとなって展開していくこともある。また，応答を通じて新たな展開が見られる場合もある。「神とはどのような存在か」という問いかけは，「そもそも神を知ることができるのか」や「神は存在するのか」という，より根本的で過激な問いへと転換したのである。

筋④で見たように，競争は特定の問題への複数の回答という形ではなく，語り方のスタイルそのものの開発と提示という形でも追究された。その場合は，問いにあたるものはより抽象的であり，回答は明示的というより実践的である。

このように，問いかけは答えを促すことで応答の対で成立する。答えを提出する者は，議論全体においてそれに仮説（ヒュポテシス）という性格を与える。答えが展開していくのは，問いに対する一つの答えが他者によって批判されたり評価されたりすることで，欠点や弱点が補われるからである。競争は互いに厳しい批判を加えることを意味し，その精神は批判の道具としての言論を鍛えていった。争いといっても，罵倒や暴力に陥ることなく，あくまで言論によって相手を論破することが目指され，結果は聴衆によって判定されたからである。ギリシアの知識人たちは，議論の競争を判定する審査員として，互いに意見を交わして批評を展開した。また，聴衆自身も語り手や応答者になることがあった以上，全ての人が相互吟味と自己吟味を強いられて，自らの思想を鍛えていく土壌が確立したのである。

また，ある答えに対抗して，あえてそれとは異なる答えを提出して，それらの対立が競技として判定されることもあった。ソクラテスの弟子たちが書いた対話篇で，「ソクラテスとは何者か」に実に様々なイメージが提出されたのは，著者の間での対抗的な誇張が作用したからと想像される。ギリシアの哲学はそのように問答の競争という形でより先鋭な答えと新たな提案が促され，さらなる問いが新たな議論の場を創出することで発展していった。

この対抗的競争は，権威となる知者や教祖の教えを忠実に受け継ぐ姿勢とは真逆のものであった。古代ギリシアでも，ピュタゴラス派やエピクロス派のように，始祖を神聖化してその教えを守る傾向のグループもあったが，学園アカデメイアのように，創始者プラトンのイデア論を弟子たちが積極的に批判することで，それぞれが自身の哲学を展開する場もあった。学派という集団がもつ性格から言えば，後者がヨーロッパの学問のモデルとなったのである。

5．反対と媒介

言論を通じた競争という哲学のあり方は，彼らの思考そのものも特徴づける。競争や対抗は，反対の考え方を提示することで遂行され，そこで相対立するものにさらに対抗するために，新たな反対が生み出されたからである。例えば，イオニアの自然学では万物の始源をめぐって

「水，空気，火」といった基本物体の間での対抗提案がなされたが，エンペドクレスは，それらを一つにまとめ「四根」とした上で，それを動かす「愛と争い」という原理を導入した。また，アナクサゴラスは，「知性」という非混合の原理を，混合する事物と並んで持ち出したように，反対性の間で対抗が繰り広げられる中で別の思考をもたらしていた。ヘラクレイトスが提唱した「反対者の一致」はその代表例である。このような議論は，ヘーゲルが「弁証法（ディアレクティーク）」と呼んだ思考の展開の仕方である。

反対が生じるためには，従来漠然と一つに見られていたものに分割を行い，それらが対立する様を見て取ることが必要となる。哲学的思考の基礎となる「分析」は，その精緻化である。異なる要素を析出してその間に反対の関係を見て取ることが，哲学の展開を促す。

ギリシア哲学を動かした最も基本的な対立軸は，神と人間という区別，その間の関係であろう。不死にして全知，正義と秩序を司る神については，叙事詩がその言葉を伝える形で人間に関わってきた。そこで対比される人間は「死すべきもの」という有限性にあり，その限界を自覚しつつ無限なる神にどう関わっていくかが問題となった（筋⑤参照）。神と人間の違いは「知」に関わる範囲や確実性の問題や，善き生の問題であり，存在のあり方の違いでもある。

神と人間をつなぐものは，言葉であり魂である。言葉（ロゴス）は本来は神に属するものと考えられたが，人間がそれを語ることで神の知や実在に与る方向が追求された。それが，イオニアで始まった「探究」である。また，魂は人間やあらゆる生き物が生きる原理であり，それは宇宙そのものの原理とも捉えられた。そして，ピュタゴラス派を受けてエンペドクレスは，魂を浄(きよ)めることで不死なる神の境位に至ることができると考えた。また，プラトンの哲学を受けたプロティノスは，魂を感覚の世界から超越させて知性へと向かい，最終的に「一者」に還帰するということを目指した。

しかし，神と人間の間には見えるものと見えないものの決定的な段差がある。真理と思い込みという区別において，人間は決して真理をそのままでは持つことができないという洞察は，パルメニデスをはじめとする多くの哲学者に共有された。真理の知に与れないという有限性において，それと関わる最も徹底したあり方を示したのが，ソクラテスによる「不知の自覚」である。善や正義や美について「知らない」ということを徹底して自覚することが，それ自体として人間に可能な知への関わりである。プラトンがイデア論を立て，ディアレクティケーで知の可能性を追究するにあたっても，その不知の自覚は基盤であり続けた。そうして神と人間の間の区別は，超越という哲学の中心テーマを生み出した。

他方で，プロタゴラスらソフィストは，神との区別に疑問を向け，人間を中心とする思索を展開している。

6．類比の思考

ギリシア哲学に特徴的なもう一つの思考法として，「類比（アナロギア）」がある。類比とは「Ａ:Ｂ＝Ｃ:Ｄ」という形で，異なる２つの領域を並べて考察することで，共通するものを見て取る思考法である。一見結びつかない別々の事柄を，言葉とイメージを駆使して一つの類比に収めることで，そこに新たな共通性とそれを乗り越える異他性を見ることができる。それはまた「比喩」という思考法につながる。

その都度問題となっている事柄だけでは，何が重要かは見て取ることが難しい。だが，それとは別の事柄と重ねることで，新たな発見がもたらされる。先ほど紹介したピュタゴラスの「人生と競技会の比喩」では，人間の多様な関心が競技会に集まる３種類の人々で類型化され，その優劣が可視化される。プラトンはそれら３つの欲求を「知性，気概，欲望」という魂の３部分説に練り上げた（筋⑥-６参照）。

類比は同等のもの同士の関係だけでなく，本来は異質なものをまたぎ，それを超えることで新たな発見をもたらす。それは見えないものと見えるものの関係であり，私たちの思考を経験の感覚世界から可知的な領域へと超越させる。その典型的な例は，プラトン『ポリテイア』第６−７巻で「善のイデア」を説明する「太陽，線分，洞窟」の３つの比喩である。

私たちが生きているこの世界で最も重要な「太陽」は，「善のイデア」を次のように示す。目でものを見るということは，目がもつ視覚と見える事物の他に，その間で見ることを成立させる「光」が必要であり，その源が太陽である。光がない状態では目は何も見えず，事物も闇の中では見られないからである。目に見えない対象を知るということは，それと類比的に，魂のもつ知性がイデアという実在を見ることであり，そこで「善のイデア」が真理を輝き出させる。こうして，「視覚：感覚物：光：太陽＝知性：イデア：真理：善のイデア」という類比が事柄を明るみに出す。この比喩にはおまけとして，太陽が目に見える世界の事物を育み成長させるように，善のイデアは全てのイデアを存在たらしめるという「太陽：生成＝善のイデア：存在」の類比も含まれる。ここから，善のイデアそのものは「存在の彼方」にあり，存在ではないとう帰結がもたらされる（筋⑦-10参照）。

つづく「洞窟の比喩」では，私たち人間の知的状況が，洞窟の奥深くで一生を送る人々に喩(たと)えられる。生まれてから洞窟の壁面に映る影像だけを見て過ごし，それらが本当にあるものだと信じてきた人々は，ある時，それを映し出す洞窟内の灯火と動かされる人形像に目を向けて驚愕(きょうがく)する。さらに洞窟からその外へと連れ出された人は，外界に広がる色彩溢(あふ)れた本当の事物と，それを照らす太陽を見ることになる。そうして再び洞窟の内部へと戻った人間は，そこでの影像を識別しながら，より正しい政治を行う哲人統治者となる。

この世界が唯一の現実だと思い込んでいる私たちは，私たちが見聞きすることが「像」にすぎず，それを成立させている「実物」が別にあることに思いを致すには，類比の思考が必要である。それは，単に実在のあり方を示すだけでなく，私たちの認識と生き方を根本から変容させる力をもっている。こうして，ギリシア哲学では類比や比喩が，哲学そのものを動かす言葉の働きとされたのである。

類比はモデルを用いる思考法でもあり，単純な基本要素が結合と分離によって世界の多様なあり方を形作るという見方は，自然多元論の基礎となった。例えば，目に見えない微小の原子は，形と大きさと重さはもつが，色も匂いももたない。しかし，それらが組み合わさることで事物や宇宙が形作られ，変遷や生成消滅を繰り返すと考える原子論は，私たちが日常で経験する事物をモデルにした，類比的な思考である。

また，古代ギリシアの世界観には，宇宙と人間社会と個人の魂を類比的に捉える重層的な発想もあった。万物にあたる「宇宙」は，全体として一つの秩序（コスモス）をなすものであり，構成要素の比率や均衡や調和がその秩序の中身となる。それは，天体の運行や季節や気候の変化を説明する枠組みとなる。それを「マクロコスモス」とすると，生き物とその生命原理である魂は「ミクロコスモス」として，同様の秩序において捉えられる。生物の肉体は4基本物体のバランスで健康になっており，魂でも類比的に知性や欲望の間の秩序，つまり魂としての純粋な形が追求される。エンペドクレスによれば，不浄なるものを除去した純粋な魂のあり方が幸福であり，プラトン『ティマイオス』では，魂の知性が天体の円環的運動という宇宙の永久同一のあり方をできるだけ模倣することで，正しい思考と最善のあり方が実現されると語られる。それは，宇宙のあり方に対応する調和としての幸福である。

さらに，宇宙と魂という両者の中間で，人間たちが共同で生きる社会，つまりポリスが成立する。ポリスは様々な職種や能力の構成員からなるが，各人が部分として役割を果たして全体の秩序と調和をなす政治的徳のあり方が，人間の幸福を実現する。それも宇宙の秩序を小さなレベルで実現する有機的な全体である。これが，ピュタゴラス派からプラトンに受け継がれた政治哲学である。

こうして「宇宙，社会，魂」という類比的階層構造が，各々の生きる自然のあり方を示し，知性を宿す神的なあり方に支えられているという世界観になる。目的論をできるだけ排除した原子論や，神の存在を疑うソフィストや無神論者も現れたが，宇宙という秩序において幸福を実現する人間という世界観は，ギリシア哲学の基盤として，程度の違いはあれ共有されていた。

7．知性的に認識して生きる人間

そうして古代ギリシアの哲学者たちが思索し，後世に伝えた最も重要なものは「人間とは何か」の姿であった。宇宙の中で存在の根源を問い答えながら，より善く生きていく姿は，「人間」というあり方をはじめて自覚的に捉える思想となった。その内実には哲学者に応じて大きな違いがあるものの，彼らは「人間とは何か」を共通の問題意識として，それに答えながら，自らも人間としてのあり方を示そうとしたのである。その人間のあり方とは，「知を愛し求める（フィロソフェイン）」という「哲学者」の生き方である。日常に埋没して日々の実践にだけ関心を向けて生活するのではなく，そこから一旦離れて自己とは何かを観想する態度，そこで宇宙や存在や真理について考えをめぐらし，言論で対抗的に論じていく営みが，他の動物とは異なる人間独自のあり方であった。

ギリシアの哲学者たちは，自らそういった探究を遂行することにより，人間という理念を共有し実現したのである。

その中心に浮かび上がったのが「知性（ヌース）」である。人間が人間である所以（ゆえん）は言語（ロゴス）による思考能力，とりわけ推論や直観に基づく体系的な知の探究であった。だが，その「知性」は人間だけが持つものではなく，完全な知性としての神と宇宙そのものが知性の主体であり，人間を超えた根拠に遡ることでしか本来の「知性」は実現されない。知性による認識が，正しく善い生き方を導くのである。

古代の哲学者の中で最も実践的な人生を送ったローマ皇帝マルクス・アウレリウスは，高い視点から自分の生き方や交際を眺めるように自分に言い聞かせていた。例えば，こんな断章がある。

> 宇宙が何であるかを知らない者は，自分がどこにいるかを知らない。宇宙が何のために存在するのかを知らない者は，自分が何者であるかを知らず，宇宙が何であるかも知らない。だが，このようなことを一つでも等閑（なおざり）にする者は，自分が何のために存在するかを言えないだろう。それなら，自分たちがどこにいるかも何者であるかも知らないで拍手喝采する人々の賞賛を避けたり追求したりする者は，君にはどう見えるのだろうか。（マルクス・アウレリウス『自省録』8.52）

知性的存在としての人間が，知性を発揮し世界と自己を認識して生きる観想の生こそが，幸福な生である。その探究が哲学者として生きるあり方であり，「知を愛し求める（フィロソフィアー）」という生の形を示したギリシア哲学は，西洋哲学の根源として，長くそのモデルとなったのである。

#まとめてみよう！

ギリシア哲学の「観想，競争，反対性，類比」という特徴について，中国やインドや日本など他の文化での哲学的営為と比べてみよう。そこで成立した「人間」の見方についても，比較して考察しよう。また，現代の哲学がどこまで古代ギリシアを受け継いでいるのか，どこが根本的に異なるのかが重要な問題となる。

参考文献

橋場弦，村田奈々子編『学問としてのオリンピック』，山川出版社，2016年
ポール・カートリッジ『古代ギリシア人 —自己と他者の肖像』，橋場弦訳，白水社，2019年（原著，2002年）
ヨハン・ホイジンガ『ホモ・ルーデンス —文化のもつ遊びの要素についてのある定義づけの試み』里見元一郎訳，講談社学術文庫，2018年（原著，1938年）
プラトン『国家』全2巻，藤沢令夫（のりお）訳，岩波文庫，1979年
マルクス・アウレリウス『自省録』，神谷美恵子訳，岩波文庫，1956年
荻野弘之『書物誕生　マルクス・アウレリウス『自省録』：精神の城塞』，岩波書店，2009年
G. E. R. Lloyd, Polarity and Analogy : Two Types of Argumentation in Early Greek Thought, Cambridge University Press, 1966.
G. E. R. ロイド『古代の世界現代の省察 —ギリシアおよび中国の科学・文化への哲学的視座』，川田殖（しげる），金山弥平，金山万里子，和泉ちえ訳，岩波書店，2009年（原著，2004年）

14 ギリシア哲学の遺産

《ギリシア哲学の継承》　ギリシア哲学は西洋でどう受容されてきたか？

古代ギリシアの哲学が，中世，ルネサンスから近代，現代まで，西洋でどのように受け継がれて影響を与えたかを概観する。それは単にギリシアで生まれた様々な学説や着想の伝承ではなく，その基本を継承しつつ批判的に展開する新たな動きであった。だが，そうしたギリシア哲学への批判と超克は，それ自体として観想や競争といったギリシア哲学の精神の実現であった。西洋哲学の歪みや限界を知り，それを乗り越える上でも，受容史の検討は決定的な重要性をもつ。

1．古代哲学の終焉

第2章でギリシア哲学の規定として示したように，前6世紀に始まったギリシア哲学は，ヘレニズム世界やローマ帝国を経て後6世紀前半で終焉したと見なされる。それは，古代ギリシア語，およびラテン語で営まれたキリスト教以外の哲学という営みが，そこで一旦閉じられるからである。

ローマ期には東方起源の多くの宗教が地中海地域に広がり，とりわけ紀元後にナザレのイエスの教えを弟子たちがまとめて成立したキリスト教は，迫害を受けながらローマ帝国で次第に勢力を増した。313年にコンスタンティヌス帝によるミラノ勅令で公認され，4世紀末にテオドシウス1世により国教化されて，ローマの宗教としてその後のヨーロッパの宗教となる。この時代にもギリシア哲学は，古典期とヘレニズム期に成立した学問と学派によって営まれ，一般の人々にもとりわけエピクロス派やストア派の哲学が大きな影響を与えていた。だが，キリスト教の勢力が伸張し，教父たちによる教義の理論化が進むと，キリスト教の哲学は異教の哲学に対抗しそれに勝る立場として，次第に社会と学問において優勢になっていく。多神教的な自然神学を基本とするギリシア哲学は，一神教で超越を語るキリスト教と対立したからである。

だが，「多神教 対 一神教」という図式は陳腐であり，事柄の本質を捉え損なう。オリュンポスの神々が対立したり欺き合うといったホメロスらの擬人的な神話は，すでにクセノファネスやプラトンによって厳しく批判されており，プラトンやアリストテレスの流れを汲む哲学は，単数形の神で最高の根拠を論じていた。また，ストア派は宇宙そのものがロゴスであり神であるとすることで，汎神論的な神概念を提示していた。

オリゲネスら初期のキリスト教の理論家は，そういったギリシア哲学の知見を積極的に取り入れながら，キリスト教を理論化し哲学的な体系性を付与していった。そこでは，キリスト教からギリシア哲学への批判と，ギリシア哲学からキリスト教への批判という相互の対抗関係があり，エピクテトスなどのストア派や新プラトン主義にはキリスト教と親和的な思想もあった。さらに，プロティノスの影響を受けてキリスト教哲学を成立させたアウグスティヌスや，アリストテレス哲学をラテン語に紹介したボエティウスも両者の架橋として注目される。

だが，宗教という面では多神教を基盤とするギリシア哲学はキリスト教からは排除される方向にあり，529年に東ローマ皇帝ユスティニアヌス１世が出したという異教徒学校の閉鎖令によってアテナイでアカデメイアなどの学園が活動をやめた。拠点を失った新プラトン主義の哲学者たちは一時サーサーン朝ペルシアのホスロー１世の元に身を寄せたが，直接に彼らの後を継ぐ哲学者たちは出ないまま古代哲学は終焉した。

2．3つの中世：ラテン西欧，ビザンツ，イスラーム

ギリシア哲学を遂行する者がいなくなった時代に，それ以前の営みがどうなったかを知るには，中世という時代にギリシア哲学者の文献がどう読まれ，書写されたかという受容の歴史を見る必要がある。ヘレニズム世界とローマ帝国という政治的枠組みが崩壊した後には，大きく3つの場と方向で異なる受容がなされていく。ラテン西欧，ビザンツ，イスラームである。

ここで重要なのは，ギリシア語で「フィロソフィアー」と呼ばれた知の営みが，ラテン語で音写され，その後ヨーロッパ諸言語でも「フィロソフィー（英語）」といった語のままで現代まで受け継がれている点である。ギリシアから哲学を導入したイスラームでも「ファルサファ」という音写でその営みが呼ばれていた。今日に至る「哲学」は，こうしてギリシア起源という印を名称で示し続けている。

西洋文明と西洋哲学の歴史を辿(たど)る時，古代ギリシアに続いたのは中世キリスト教哲学とされる。だが，その継続性についてはいくつか注意が必要である。まず，古代の終焉で確認したように，「異教徒」と呼ばれたギリシアの哲学者たちとキリスト教の間には根本的な溝があり，キリスト教の哲学は連続性を断ち切ったところで成立している。従って，教父をはじめとするキリスト教理論家は，ギリシア哲学者をそのまま参照することはなく，あくまでキリスト教に整合する限りで批判的かつ慎重に用いたのである。この時代のキリスト教の理論家たちも哲学的な素養や背景はギリシア哲学に強烈に依拠していたが，それを前面に出すことなく多くの思考を受け継いでいた。

もう一つの断絶は，ギリシア語とラテン語の間にあった。ローマ期にもキケロやセネカといった哲学者たちはギリシア語で哲学を身につけ

て，それをラテン語に置き換えながら議論していたが，時代が下るに従って異民族の言語であるギリシア語に習熟したラテン哲学者が減り，ラテン語だけで文献を読み思索する世界に変わっていく。5世紀のアウグスティヌスもギリシア語が読めなかったと言われるが，古代から中世にかけてそのような哲学言語の移行があった。古代の最後でその橋渡しをしたのが6世紀初めのボエティウスであった。キリスト教徒で，アテナイでプラトン派やストア派の哲学を学んだボエティウスは，アリストテレスの論理学著作をラテン語に翻訳して注解した。それら限られたラテン語訳は，キリスト教諸国が割拠する中世西欧世界で知られた数少ないギリシア哲学書として，長く影響を与えていく。

これら2つの溝により，西欧ラテン世界は古代ギリシア哲学の影響を受けながらも，その著作については部分的にしか知らない状況が続いた。12世紀にイスラーム哲学の媒介を経てアリストテレスへの関心が高まると，ギリシア語原典からのラテン語訳が進み，トマス・アクィナスらがギリシア哲学を統合した神学体系を構築する。だが，より本格的にギリシア哲学の原典が西欧に入ってくるのは，ビザンツが衰亡して1453年に滅亡する直前の時期であり，その文化流入がルネサンスの人文主義を生み出すことになる。

キリスト教とラテン語という2つの溝で古代ギリシア哲学から隔てられた西欧世界とは異なり，東ローマ帝国の継続であるビザンツでは，はるかに直接的で強いギリシア哲学の継承がなされていた。巨大なローマ帝国が東西に二分されると，コンスタンティノポリスを中心とする東の領域では「正教」と呼ばれるキリスト教が成立して西の「カトリック」と対立し，同じキリスト教圏でありながら交流や協力はきわめて薄い状況が続いた。だが，東ローマとビザンツではギリシア語が使われており，プラトンやアリストテレスらの古典語の著作は困難なく読まれてい

ラファエロ画『アテナイの学堂』
〔ユニフォトプレス〕

ただけでなく，アッティカ方言の文語の見本として教育に取り入れられて広く教養を形作っていた。教会がそれらを異教として禁止したり排除することはほとんどなく，キリスト教哲学では彼らの概念や思想が変更を伴いながら利用されていた。

そして，中世後期に西欧各地で創立された「大学」では，ギリシア起源の自由学芸（アルテス・リベラーレス）が教えられ（筋 ⑩-8参照），ギリシアの哲学と学問を知識と教養の基礎とする文化が受け継がれた。

ギリシア哲学にとって重要な点は，ギリシア語で書かれた古代の著作が写本として書き写されてきたのが，基本的にギリシア語圏であったビザンツや南イタリアであり，そこで9世紀頃に開発された小文字体で書写されて，さらに数世紀の間に多くの写本を生み出してルネサンスに至った点である。もとはパピュロスの巻物に書かれていた文献が，紀元後の時期に羊皮紙の写本に転写された。そうした継続的な書写の地道な営為が，今日までギリシア哲学の重要な部分を私たちに伝えてくれている。プラトン，アリストテレス，プロティノスらごく一部の哲学者を除いて，著作全部が伝わる例はないとはいえ，多くの哲学者たちの思索を論じた多数の著作を通じて，今日ギリシア哲学の全貌に接することができるが，それはビザンツでの書写のおかげである。

ただし，ビザンツでは独自の哲学の展開は芳しくなかったようで，そこでなされた哲学の研究も遅れている。だが，コンスタンティノポリスを拠点とするギリシア正教は，東欧やロシアやアルメニア，ジョージアなどの東方に積極的に布教して，その過程で新プラトン主義などのギリシア哲学も各地の言語で紹介されていた。ロシア哲学におけるギリシア哲学的な背景はその時代に遡(さかのぼ)るが，カトリックとプロテスタント中心の西欧のキリスト教から見た西洋哲学史ではほとんど無視されてしまっている。

第3に，7世紀にアラビアで興り地中海地域にも広まったイスラームは，ユダヤ教やキリスト教と共通する一神教であったが，キリスト教同様，思想や科学をギリシア哲学から導入することでイスラーム哲学を形作った。エジプトのアレクサンドリアで盛んだったアリストテレスの哲学が，特に自然学などの学問を中心にシリア語やアラビア語に翻訳された。イスラームの人々にとって，より進んでいたギリシア起源の科学理論を取り入れることは重要であったが，他方で，イスラームの教えに抵触する可能性のある哲学的思考は慎重に避けられた。それゆえ，ギリシア哲学の中でもプラトンや新プラトン主義の哲学はその概要だけが導入され，アリストテレスやテオフラストスでも論理学や自然学は積極的に紹介されたが，倫理学や神学に関わる部分は取捨選択されていた。とりわけ，アリストテレスの魂論での「知性」の扱いをめぐって，イスラーム哲学者たちがギリシア哲学を受け継いで展開した思索がスコラ哲学に影響を与えた話は有名である。しかし，スコラ哲学者たちが読んでいたアラビア語訳はギリシア語原典に忠実なものとはいえず，アリストテレスの著作も一部しか知られていなかった。それゆえ，イスラームを通じたギリシア哲学の西欧への導入はごく限定的であった。

3．ルネサンスの古典復活

古代哲学終焉後に，ラテン西欧世界，ビザンツ世界，イスラーム世界という3つに分かれてそれぞれに受け継がれたギリシア哲学は，中世後期からルネサンス期にかけて活性化して，近代哲学の基礎をなした。

14世紀にはペトラルカがキケロなどのラテン語著作を探索して発見し，人文主義（フマニスムス）を広める。それは，キリスト教の西欧中世で忘れられていたギリシア古典への回帰を促し，世界観，人間観，科学の新たな導入となった。

ギリシア哲学の著作が西洋で広く関心を集めるようになったきっかけは，オスマン・トルコに圧迫されたビザンツから，イタリアに知識人と写本が大量に流入したからである。ラテン語圏では，当初はギリシア語を読める者がほとんどいなかったため，ビザンツから訪れた学者がギリシア語の手ほどきをしていた。しかし，15世紀のフィレンツェではメディチ家の庇護（ひご）下で，マルシリオ・フィチーノがプラトンやプロティノスらのギリシア語原典を全てラテン語訳するまでになり，それ以後はギリシア哲学の基本文献は西洋共通の文化遺産となった。

ラテン語，ギリシア語の古典文献を一気に世界に広めることになったのは，15世紀半ばにグーテンベルクが開発した活版印刷技術である。印刷術はイタリアに導入されるとすぐに，ヴェネチアなどの印刷業者が古典著作を次々に印刷本として出版する。それまで親写本を入手して長い時間と労力をかけて羊皮や紙に書写することで受け継がれてきた古典文献は，校訂版として一気に数千冊という規模でヨーロッパ中に流布したのである。

中世に知られていなかった多くの思想のうち，近代にとりわけ決定的な影響を与えた例として，原子論と懐疑主義がある。エピクロスが完成した古代原子論は，神による摂理や目的を排除する唯物主義としてキリスト教とは相性が悪かったが，中世に積極的に弾圧されたというよりも，古代後期にすでに人気が衰えて自然に継承されなかったようである。だが，その忘れられた思想についても，15世紀の人文主義者たちの写本探索においてルクレティウス『物の本性について』が再発見され，エピクロス派原子論の全容が美しいラテン語詩で知られるようになると，精緻で斬新な世界観は衝撃を与えた。また，エピクロスの伝記と3通の書簡を収めたディオゲネス・ラエルティオス『哲学者列伝』もラテン語訳で読まれるようになり，キリスト教が採用したアリストテレス的な目的論的な自然観とはまったく異なる原理による世界の見方が，人々に刺激を与えていく。

他方で，キケロの紹介でしか知られていなかった古代懐疑主義も，セクストス・エンペイリコスの膨大な著作が読まれるようになると，精緻で総合的な議論が大きな影響を与える。私たちが受け入れているこの世界の認識が一体どれほど確実なのかという問いは，古代では必ずしも主流の問題意識ではなかったが，近代哲学の主要関心となり，デカルトやヒュームらの認識論を促した。

原子論や懐疑主義は，キリスト教的な独断的な目的論的世界観とは正反対であったが，ルネサンスの思想家たちは必ずしもそれを反キリスト教的とは受け取らず，むしろキリスト教と両立する思想として取り入れる傾向にあった。プラトン哲学を紹介したフィチーノも，それがキリスト教精神に適（かな）ったものだと信じて疑わなかった。

哲学の一部であった自然学から離れて独自に展開していく近代科学，とりわけ天文学と物理学は，その時代のプラトン的な数学的世界観の間接的な影響下で展開された。この世界が数の秩序と調和で成り立っており，神が実現した美であるという見方は，ピュタゴラス派からプラトン派に受け継がれて発展した世界観である。それは，一見無秩序に見える現象が全て数的な原理によって成立しており，その法則を数学的に解明することで世界のあり方が読み解けるという確信をもたらした。ガリレオやコペルニクスやケプラーらは，そういう意味で，明示的にせよ暗示的にせよ，プラトン主義の世界観の申し子であった。

デカルトが解析幾何学を重視して世界を分析的に捉える自然学を追究したのも，そういった近代哲学の流れにある。古代哲学の豊かな遺産は，プラトン哲学，原子論，懐疑主義，ストア派など様々な流れで複雑に受容されたが，それらは中世の世界観から近代の自然科学や認識論に変化する契機をなしたのである。

4．近代における古典主義

西洋近代の哲学や諸学問へのギリシア哲学の影響は，時代や地域や言語，さらには個々の哲学者によって多様であるが，概して「哲学の起源」である古代ギリシアに立ち戻ることで新たな哲学を生み出す，という古典主義の態度は共有されていた。

スコラ哲学を通じて近代に受け継がれたアリストテレスの哲学は，哲学諸部門の位置づけ，基本概念と問題の枠組みの全般にわたって西洋哲学に共通の基盤となっていた。アリストテレスの論理学は18世紀までは形式論理学そのものであり，彼の倫理学も強い影響を保っていた。『詩学』は文芸理論の古典として文学者たちに規範を提供していた。だが，アリストテレスの「自然学」がとりわけ形相中心主義や目的論的説明という点で近代科学から否定されると，批判対象としての否定的評価が固定する。その中では，ライプニッツがアリストテレス的な「実体形相」の発想を復活させて，力を中心とするモナドの世界観を構築したことは注目に値する。デカルトが二元論で展開した「延長」では，個物の持続や同一性は捉えられないと考えたライプニッツは，アリストテレス哲学を参照しつつ，そこに存在の原理を探ったのである。

中世スコラから近代まで学問と哲学の中心にあって，それゆえに絶大な影響力とその反動としての強烈な批判を受けたアリストテレスに対して，プラトンの受容はより屈折したものであった。新プラトン主義や神秘主義と結びついたプラトン理解は，フィチーノやルネサンスの思想家たちが強調した側面であったが，プラトンの哲学そのものの読解というより，それに触発された自由な発想の展開であった。17世紀にイギリス・ケンブリッジで興隆した「ケンブリッジ・プラトン主義」もそういった動向の一つであった。ケンブリッジ・プラトニストは中世の神学を批判しつつ理性と調和した信仰の自由を求めるにあたり，プラトンやプロティノスの哲学に依拠した。ベンジャミン・ウィチカット，ヘンリー・モア，ラルフ・カドワースらが，ホッブスらの唯物論的な哲学に対抗してプラトン主義的な精神性を重んじた。

プラトン主義の影響は，主に神秘主義の系譜において，直接プラトンに言及せずに受け継がれたが，19世紀のヘーゲルのように新プラトン主義の思想を自己の哲学体系として大々的に展開する哲学者も現れた。

5. 古代への憧憬と批判

近代の哲学者たちは古代ギリシアの哲学を自在に活用しながら新たな哲学を展開したが，その過程で，ギリシア哲学は必ずしも反省的に用いられる対象ではなく，適当な素材が適宜参照されていた。それは，古代ギリシア哲学がそれ自体で研究の対象とはなっておらず，ギリシア哲学者の著作や学説が部分的な読解や間接的な影響に留まっていたことによる。

それが新たな展開を見せたのは，18世紀に始まった「哲学史」の研究である。今日西洋哲学史を学ぶ私たちは，古代から中世を経て近現代に至る「哲学の歴史」を自明のものと受け取っている。しかし，それを整理して一つの歴史として提示する試みはこの時代に始まり，19世紀のドイツで頂点を迎えた。ギリシア哲学史も，主にアリストテレスの学説誌整理やディオゲネス・ラエルティオスの『哲学者列伝』による系譜の整理に基づいて，時代や学派の枠組みが論じられるようになる。それに伴い哲学史の学問的な研究が進み，古代哲学そのものの解明がより大きな関心となった。この動向は，19世紀のドイツで進んだ批判的文献学による原典テクストの校訂作業とも相まって，歴史研究の対象としての古代哲学を認識させるようになる。19世紀初めに「プラトン著作集」をドイツ語に翻訳したシュライエルマッハーの影響もあり，プラトン対話篇を読み解く方法論も確立され，初期哲学者の断片的な証言も「ソクラテス以前の哲学者たち」として19世紀後半から資料集がまとめられていく。

そういった学問対象となった古代哲学は，そこに立ち返ることで新たな哲学や文化を作り出すという古典主義に素材を提供した。ドイツで「古代学 Altertumswissenschaft」と呼ばれた学問は，古典古代を総合的に研究することでその精神を蘇（よみがえ）らせようという文化運動であった。他方で，古代ギリシアへの憧れは近代ヨーロッパの自意識の強引な反映という面をもち，古代像そのものを歪（ゆが）める傾向もあった。ギリシア哲学に関しては，それまである程度は考慮されていたオリエントの先進文明との関係が無視され，純粋なヨーロッパ精神の原点としてのギリシアという虚像が作られた。それは帝国主義の時代にヨーロッパ中心主義のイデオロギーを支える基盤となり，オリエントやアジアに対する西洋哲学の優位を訴える偏見にもつながった。例えば，『哲学史講義』でインドや中国の哲学にも触れたヘーゲルは，それらの思想伝統が原始的で発展しない思考形態に過ぎないと考え，ギリシアから発展した西洋哲学の絶対性を強調した。

そのような時代において，古典文献学の専門家として出発したニーチェは，ソクラテスの哲学を後のキリスト教を通じて近代道徳を作った元凶と見なして批判し，初期ギリシア哲学者により大きな関心を寄せた。プラトン以降よりもソクラテス以前を重視する傾向は，20世紀に哲学史を捉え直す哲学を展開したハイデガーにも共通する。ハイデガーは「存在の忘却」という西洋哲学の歴史がプラトンやアリストテレスに始まると考え，それに先立つパルメニデス，ヘラクレイトス，アナクシマンドロスらの言葉に，より根源的な哲学を見出そうとした。こうした態度は，断片しか残っていない哲学へのロマン派的な憧憬であると批判もされるが，彼らの注目はギリシア哲学を全体として掘り起こして哲学を活性する役割も果たしてきた。

#まとめてみよう！

古代ギリシア哲学の 10 の筋が，それぞれ後世にどう受け継がれたか，どう交錯したかを整理しよう。イスラームや東欧など，西洋近現代社会以外への影響についても，調べてみよう。また，現代においてギリシア哲学がどう見られており，それが近代以降のどんな偏向を伴っているかを検討しよう。

参考文献

ディミトリ・グタス『ギリシア思想とアラビア文化 ―初期アッバース朝の翻訳運動』，山本啓二訳，勁草書房，2002年（原著，1998年）

小林剛『アリストテレス知識論の系譜 ―ギリシア・ローマ，イスラームから西欧へ』，梓出版社，2014年

スティーヴン・グリーンブラット『1417年，その一冊がすべてを変えた』，河野純治訳，柏書房，2012年（原著，2011年）

田上孝一，本郷朝香編『原子論の可能性 ―近現代哲学における古代的思惟の反響』，法政大学出版局，2018年

アンソニー・グラフトン『テクストの擁護者たち ―近代ヨーロッパにおける人文学の誕生』，ヒロ・ヒライ監訳，福西亮輔訳，勁草書房，2015年（原著，1991年）

マーティン・バナール『ブラック・アテナ ―古代ギリシア文明のアフロ・アジア的ルーツ　Ⅰ　古代ギリシアの捏造1785－1985』，片岡幸彦監訳，新評論，2007年（原著，1987年）

マーティン・バナール『黒いアテナ ―古典文明のアフロ・アジア的ルーツ　Ⅱ』全２巻，金井和子訳，藤原書店，2004-2005年（原著，1991年）

エルンスト・カッシーラー『哲学と精密科学』，大庭健訳，紀伊國屋書店，1978年（原著，1969年）

15 日本におけるギリシア哲学

《日本のギリシア哲学受容》 ギリシア哲学は日本でどんな役割を担ったか？

古代ギリシア哲学は東アジアの日本に，いつ，どのように移入され，定着してきたのか。西洋哲学が中国や日本に入ってきたのは，16世紀以来のイエズス会の活動を通じてであったが，鎖国を経た日本では19世紀半ばから西洋文明の他の要素と共に急激に導入された。学問の基礎として哲学が重視され，その根源であるギリシア哲学も紹介や翻訳によって日本で次第に知られるようになる。とりわけプラトン哲学は，戦前の全体主義にも濫用されたが，戦後はその反省から学問に限定して論じられている。

1．本格的な出会い以前

シルクロードを通じてヨーロッパと交流があった中国では，ローマ期からギリシアに由来する文化が間接的に伝わっていた。それに対して，日本がギリシア哲学に出会うのは，16世紀にイエズス会の宣教師がもたらした西洋の学問を介してであった。17世紀には中国経由で西洋の天文学やスコラ哲学の概説が紹介されたが，そこにはギリシア哲学，とりわけアリストテレス哲学の背景があり，プラトンやアリストテレスらの名前も江戸時代にはある程度知られていたようである。

だが，鎖国により西洋の思想を持ち込むことが禁じられた江戸時代には，長崎経由でオランダから導入された科学文献が西洋文明との唯一の接触であり，蘭学者たちはオランダ語を解読することで，近代科学の基盤にあるギリシア哲学者の名前にも触れていた。江戸時代の日本で，ピュタゴラスは「龍廸我刺私」という表記で知られ，医学の祖ヒッポクラテス（依卜加剌得斯）と天文学者プトレマイオス（布多禄某斯）と共に蘭学者の間で聖人とされ，19世紀前半に彼らの肖像は崇拝の対象となっていた。その関連でアリストテレスらの名前も言及されたが，西洋科学の創始者の一人という位置づけであった。

きわめて限られた情報の中で，西洋文明の奥深さを原点にあたるギリシア哲学から知ろうとする江戸の学者たちの視野は，その後の西洋文明受容にも反映している。他方で，中国の孔孟や仏教の僧侶のように，哲学者や科学者を崇拝の対象として「お経」を読むという態度は，東洋的な背景での受け入れを意味する。

2．啓蒙時代のギリシア哲学

開国によって西洋の事物や知識が導入される時代には，西洋列強に対抗するためにそこから学ぶべき文明は，社会制度や法律，ならびに科学技術であった。だが，幕末にオランダ・ライデンに派遣された西周（にしあまね）は，渡航の前から，西洋文明の基礎には「ヒロソヒ」と呼ばれるギリシア起源の学問があり，その背景を抜きに法律や科学を理解することはできないことを直感していた。西はその学問をギリシア語の原意に即して「希（き）哲学（哲＝知を希（こいねが）う学）」と訳し，『百学連環』（1872年）や『百一新論』（1874年）などの啓蒙著作で，哲学を中心とする西洋の学問を紹介した。当初は「フィロソフィー」の訳語としては「理学」など他の候補もあったが，「希」を略した「哲学」の語がより広く流布し，1877年に東京大学が創立されると文学部に「哲学科」が置かれて，以後「哲学」が定訳となる。

明治初期に西洋から紹介された哲学は，イギリスの進化論，功利主義，フランスの実証主義などで，社会思想が中心であった。1880年以降にはカントやヘーゲルといったドイツ哲学が盛んに研究されるようになるが，そういった状況下で，西洋哲学の基礎にあるギリシア哲学の重要性を認識する人々が出た。姉崎正治は，1895年に『哲学雑誌』に発表した「我邦現時の学術と古典の研究」という論考で，近年の哲学傾向を軽佻浮薄(けいちょうふはく)と批判して，ギリシア・ラテンの古典，とりわけプラトンやアリストテレスに戻ることの重要さを力説した。姉崎の盟友でドイツ哲学を専門にしていた大西祝(おおにしはじめ)も，哲学史を勉強する中でギリシア哲学に注目し，プラトンを原典から訳出することを目指してギリシア語を学んだが，欧州留学から帰国後に病気で没した。

19世紀に日本の哲学者たちは，まず西洋哲学史の紹介に集中的に取り組んだ。ドイツ留学前の井上哲次郎が1883〜85年にまとめた『西洋哲学講義』では，古代ギリシアの哲学史が一通り紹介されていた。その後，井上円了(えんりょう)『哲学要領（前編）』(1886年)，三宅雄二郎『哲学涓滴(けんてき)』(1889年)，清澤満之(まんし)『西洋哲学史講義』(1890－93年の講義録)，大西祝『西洋哲学史』(上・下，1896－97年の講義録，没後の1903－04年刊)，波多野精一『西洋哲学史要』(1901年）など，欧米の研究書を元にした複数の哲学史が刊行されて，以後の哲学研究の基礎となった。

近代日本では，そのように古代ギリシア哲学は当初から強く意識される「始まり」であり，それなしに西洋哲学や西洋文明を理解することが不可能であるような，最も重要な基盤として尊重されてきた。こうしたメンタリティは，西洋列強の帝国主義的な圧力を受けた地域の中でも際立っており，東アジアでは日本が率先して西洋哲学の概念を翻訳し，日本語（漢語）で定着させようとした。

東京大学哲学科では，井上哲次郎らが『哲学字彙』(東京大學三學部，1881年)，改訂増補版（1884年）を編集して，西洋哲学の日本語化を進めた。これらは，ウィリアム・フレミングの『哲学語彙集』(1856

年）を元にした用語辞典で，翻訳や編集には井上哲次郎，和田垣謙三，国府寺（こうでら）新作，有賀長雄ら東京大学哲学科初期の卒業生があたった。日本語で西洋哲学を吸収して本格的な哲学を行う礎となる重要な事業であり，今日までの日本の哲学研究のレベルを底上げする役割を果たした。近代日本で最初の独自の哲学書と言われる西田幾多郎『善の研究』は，その基盤の上に1911年に公刊されている。

哲学語彙の翻訳作業はその後も様々な形で遂行され，現代に至るまでにあらゆる哲学概念を検討に付してきた。原義を検討しながらそれに対応する漢語をあてたり，新たに造語したりする試みであったが，そうした翻訳自体が日本の哲学に哲学史的な反省を促した点が重要である。そこでは，とりわけギリシア哲学における元来の意味が検討されることになったからである。西洋列強国の植民地になったアジア，アフリカの諸地域では，宗主国の言語で教育がなされていたが，自国語で学問や哲学のあらゆる用語や議論ができる環境を整えた明治日本は，きわめて特殊な近代化を成し遂げたと言えよう。

そういった特殊性の背景には，日本の哲学が古くから外来の思想を翻訳して理解する経験を続けてきた精神的土壌がある。大和時代には儒教や道教や仏教が伝来し，その後は様々な形の仏教思想が導入されて，時に空海のように中国で最先端の教理を修め日本に持ち帰ることもあった。儒教についても「四書五経」をはじめとする古典を忠実に読み解く文献学が江戸時代に栄え，異言語で書かれた古典文献を，注釈書等を頼りに正確に読み解く訓練は，知識人の素養となっていた。この背景が，欧米の言語で書かれた西洋哲学の文献を，きわめて短い期間で咀嚼（そしゃく）し，正しく理解して独自に発展させる能力を生んだ。さらに，そういった古典の文献を尊重して，そこに文明の起源を見る態度があり，それが大きな役割を果たしたはずである。明治の日本で早い時期からギリシア哲学が尊重されていたのは，そのような文化的蓄積によるものであろう。

3．ギリシア哲学書の翻訳

最初は欧米の哲学研究文献から間接的に，あるいは断片的に知られていたギリシア哲学であったが，その中でも哲学の祖とも言うべきソクラテスについては，明治の初期から人々の高い関心を集めていた。井上円了は孔子と仏陀とソクラテスとカントを「四聖」として崇敬し，その後はカントの代わりにイエスを入れた「四聖人」というイメージが一般に定着した。著作を残さなかったソクラテスのイメージは各種の逸話で知られていたが，木村鷹太郎が1901年にクセノフォンの『ソクラテスの想い出』を英語から重訳して，本格的な導入に寄与した。その本のタイトルは『キセノフォーン著　ソクラテース人物養成譚』とされ，道徳的な教育者という扱いであった。

しかし，木村はその翻訳の後に，ソクラテスについて知るためにはプラトンこそがより深遠で重要であると認識し，『プラトーン全集』の翻訳に取り掛かる。プラトンの全対話篇をベンジャミン・ジョウェットら

東京都中野区の哲学堂公園内にある「四聖」を祀る四聖堂
〔ユニフォトプレス〕

の翻訳から重訳する壮大な試みは，日露戦争を挟んで，1903年から1910年までかかった。木村訳は広く読まれて，プラトン哲学を日本に根付かせるのに重要な役割を果たした。その後もプラトンの対話篇には複数の翻訳がなされ，ケーベル博士の薫陶を受けた久保勉と阿部次郎がギリシア語原典から翻訳した『ソクラテスの弁明，クリトン』が1921年に出版されたのを皮切りに，原典語訳も次々と出版された。

対話という形式で哲学の核心的な問題を論じるプラトンのスタイルは，西洋から導入された哲学を日本語で，しかも日常の対話の言葉を通じて表現するという課題を哲学研究者に強いた。その挑戦的な試みを通じて「日本語で哲学する」という態度が培われてきたことは重要である。ギリシア哲学は，日本においてそのような基底的な役割を果たしたのである。

ソクラテスやプラトンと比べて，アリストテレスの研究や翻訳はやや地味であったが，それでも戦前には『政治学』『詩学』『ニコマコス倫理学』『魂について』『形而上学』など主要著作がギリシア語から翻訳された。ただし，アリストテレス著作集が全体として翻訳され，本格的に研究されるのは戦後のことである。

著作集が残るプラトンやアリストテレス以外では，ローマ時代のストア派，つまりセネカ，エピクテトス，マルクス・アウレリウスの著作が早くから翻訳され，広く読まれた。ストア派倫理学は東洋の道徳や日本の武士道に対応するものとして親近感をもって読まれたからである。マルクス・アウレリウスの『自省録』は，とりわけ一般の読者に親しまれたギリシア古典であった。

日本に与えた影響という点では，プロティノスを見過ごすことはできない。プロティノスの難解なギリシア語が翻訳されたのは戦後であるが，それ以前にも哲学者たちは欧米の研究文献や翻訳を通じてプロティノス哲学の意義と内容を知っており，とりわけ京都学派の西田幾多郎や西谷啓治はその哲学に関心をもっていた。彼らはプロティノスの神秘思想や宗教性に，東洋の伝統に通じる深遠な思索を見ていた。戦後すぐに『神秘哲学』(1949年) を刊行してギリシア哲学を総合的に論じた井筒俊彦は，プロティノスこそプラトンとアリストテレスの哲学を総合する思想家であるとして，ギリシア神秘哲学の頂点に位置づけた。20世紀の後半に神秘主義を排除する分析哲学の影響が強かった欧米とは異なり，日本ではギリシア哲学の精神性や神秘主義的側面にも常に考慮が払われていた点が注目される。

4. 日本社会における定着

ギリシア哲学の中では，翻訳を通じて一般にも読まれていたプラトン対話篇が，圧倒的な知名度と人気を獲得した。知識人の間で知られるだけでなく，政治や教育や文学といった様々な場面でプラトンの名が取り上げられ，一種のプラトン・ブームというべき時代が訪れる。

プラトンの著作では，『ポリテイア』の理想国論が社会主義の原型と見なされて，ユートピア思想として理解された。明治期には，若き北一輝が国家主義と社会主義の基盤としてプラトンを読むように檄を飛ばし，国家主義の法学者である上杉慎吉も「哲理的国家論」に注目して，それを天皇制に結びつける議論を展開する。彼らの態度は，今日から見ると保守的で軍国主義的に見えるかもしれないが，明治から大正にプラトンは革新的な社会モデルの提起者であり，自らそのユートピアを実現しようとした実践的哲学者であった。

西洋文明を学びながら近代化を図ろうと模索していた日本では，「理想」を唱えて西洋文明の礎を築いたプラトンは，まずそこから学ぶべき哲学の原点と見なされた。「理想」という熟語は，おそらく西周がプラトンの「イデア」の翻訳語の一つとして提案し，その後「アイデアル ideal（英語）」の翻訳として広く一般に通用した漢字である。「理想」という概念では，陰に陽にプラトン的背景が意識されていた。「理想」という語はその後，中国や韓国にも逆輸出されて，東アジア共通の哲学用語となっている。

大正デモクラシーが繰り広げられ，普通選挙が導入された時期には，「哲人政治」が大きな話題となった。1917年に雑誌『日本評論』は「哲人政治の研究」という特集をくみ，多くの論者がプラトンに言及しつつその理念を論じた。これは，政党政治が進むデモクラシーの状況が促した現象であるが，同時に，政党政治が腐敗して混乱する現状に対して，その原因が民主主義にあるのではないかという批判において，プラトン『ポリテイア』が注目されていた。その対話篇では「哲人統治者」が理想とされると同時に，民主政社会が厳しく批判されていたからである。

昭和期に入ると，プラトンを専門的に研究した鹿子木員信（かのこぎかずのぶ）が，次第に「超越的国家主義」や「全体主義」を唱えて，ロマン主義的に解釈したプラトンに仮託して日本の将来を論じるようになる。『ポリテイア』はまた，国民教育論にも援用されて，日本の全体主義化の理論的論拠に持ち出された。

プラトンやニーチェを政治や文化に持ち出す態度は，同時代のドイツのナチズムですでに盛んになされていた。日本ではそういったプラトン理解に対して，政治学者の南原 繁（なんばらしげる）が『国家と宗教』（1942年）で本格的な反論を展開してプラトンの復権を試みたが，時勢はそういった冷静な学術的議論を考慮しなかった。こうして，天皇制のもとで大東亜共栄圏を謳い，アジアや太平洋に進出した日本の政治に利用されたプラトンは，戦後にも根本的な反省を経（へ）ることなく，この暗い側面と経緯はタブー視されてしまう。

鹿子木はA級戦犯容疑者として巣鴨刑務所に収監され，やがて解放されたが，その後ライフワークとした『ポリテイア』の翻訳を完成させることなく死去した。戦後に，彼の名前がギリシア哲学研究者の間で口にのぼることはなかった。

5．戦後の研究と関心

第二次世界大戦の敗戦を受けた日本では，戦前の学問や哲学のあり方への反省から，新たな哲学のあり方が模索された。昭和の前半に西田幾多郎とその弟子たちを中心に「京都学派」と呼ばれる活発な哲学を展開した京都大学では，1946年にGHQの指令による公職追放で複数の哲学教員が去ったため，古代哲学史に田中美知太郎を招いて哲学科が再建される。田中は西田哲学の「自分で考える」方針を追放して，哲学的な議論を控えながら古典を丁寧に読み解く哲学史研究を基本に据えた。京都大学は戦後のギリシア哲学研究の拠点となり，田中と彼の弟子たちは数多くの翻訳を通じて研究の質の向上と普及に大きく貢献した。他方で，学問を社会や政治から切り離す傾向は強くなり，ギリシア哲学は大学内での学術研究の対象に限定されてしまった。それ以前のようにギリシア哲学をアクチュアルな哲学思索に生かそうとする試みは抑制され，社会との関わりを論じることはアマチュア的と見なされた。それは，ギリシア哲学がもつ可能性を減じる結果につながった。

田中美知太郎は，プラトンを中心とした多数の翻訳のほか，『ソフィスト』（1941年）や『ロゴスとイデア』（1947年）など専門的な論考でギリシア哲学の研究レベルを引き上げたが，それとは別に，雑誌等で時事的な論説を発表してオピニオンリーダーとしての役割を果たした。京都大学に田中を招いた山内得立も，ギリシア哲学の専門家で，『ロゴスとレンマ』（1974年）ではギリシア以来のロゴスの論理を「テトラ・レンマ（四句分別）」と呼ばれるインドの思考との対比で論じた。

東京大学では出 隆（いでたかし）と斎藤忍随（にんずい）の２人が，近代哲学から入ってギリシア哲学を研究・教授していた。出の弟子ではプラトンのイデア論を独自の哲学体験として論じた井上忠（ただし）が，その後パルメニデスやアリストテレスを言語の哲学として論じた。その世代では，井上に加えて京都大学の藤沢令夫（のりお），東京都立大学の加藤信朗（しんろう），九州大学の松永雄二らが，欧米での古代哲学研究に伍する優れた研究を展開し，とりわけプラトン研究では世界的な評価を得ている。

明治以来の特徴である西洋哲学の原典理解の努力は，プラトンとアリストテレスを中心とする翻訳プロジェクトで，今日も続けられている。1968～1973年には出隆監修で山本光雄編の「アリストテレス全集」が全17巻で岩波書店から刊行された。「プラトン全集」は，角川書店から1973～1977年に山本光雄編の全11巻で，また岩波書店から1974～1978年に田中美知太郎と藤沢令夫編の全16巻で公刊され，その後も単独の著作の翻訳が続々と出版されている。アリストテレスには英米圏を中心に格段に進歩した研究を踏まえた新全集が，同じ岩波書店から2013年から全20巻で内山勝利，中畑正志，神崎繁編で刊行されている。これまで定着してきた哲学用語の翻訳を見直すなど，ギリシア哲学研究は重要な転期を迎えている。

6．ギリシア哲学の未来

今日の日本の社会で，古代ギリシアの哲学者たちが話題に上ることは希（まれ）である。2000年以上も前に，はるかに離れた地中海の地域で栄えた哲学が，技術進歩と生活変化の著しい現在の日本で強い関心を引いていないことは，理解できないことではない。だが，ギリシア哲学は私たちの社会と生き方に決定的に重要な役割を果たすはずであり，そのための潜在的な力をもっている。3点でまとめたい。

第1に，西洋哲学をより広い視野に開かれた思索にする「世界哲学」の試みにおいて，その要としてギリシア哲学が果たす役割が期待される。西洋の近現代哲学の概念や思考には，その基礎にギリシア哲学があり，その「始まり」に遡っ（さかのぼ）て再検討することが必要だからである。また，ギリシア哲学はキリスト教の西欧だけでなく，イスラームや東欧やその後には東アジアや中南米で受容されて，それぞれの哲学伝統で重要な役割を果たしている。それら多くの伝統をまたぐ結節点として，古代ギリシアに遡る哲学史の検討が必須となる。

第2に，現代の哲学は大学や研究機関における学術部門の一つとなり，専門化と部門細分化が進行しているが，古代ギリシアでの哲学は一つの総合的な知的探究の営みであった。今日では忘れられているダイナミックな思索，とりわけ理論体系というより「生きる技法」としての哲学のあり方を復活させるのが，ギリシア哲学に立ち返る意義である。ソクラテスやシノペのディオゲネスのように著作を残さない哲学者は，今日の大学では居場所がないが，そういった哲学のあり方を視野に入れることで，インドや中国の伝統との共通性も見えてくるはずである。

第3に，私たちが生きる現場で哲学を行うためには，哲学（フィロソフィアー）という営みが始まってその後に受け継がれてきた始源である，古代ギリシアの哲学者と対決することが最善である。それは，一人ひとりが生きる上で哲学する対話の営みであり，その相手には対話と論争において哲学を実践したギリシア哲学者が何よりもふさわしい。

明治から150年の間にギリシア哲学を咀嚼し，それと対決することで哲学を培ってきた日本の哲学者たちの思索は，ギリシア哲学を読み直すことで，今後より一層深まることが期待される。さらに，それが一般の人々にも訴えかけて広く読まれることで，私たちの生き方や世界の見方を根本から変えることが期待されるのである。古代ギリシア哲学の可能性は，私たちの未来に開かれている。

#まとめてみよう！

古代ギリシアの哲学が近代の日本でどのような役割を担ったかを，他の西洋哲学者との比較も含めて調べてみよう。また，今日の学問や生活において古代ギリシア哲学がどのように生きているのかを考察し，将来どのように読まれ学ばれるべきかを話し合ってみよう。

参考文献

納富信留『プラトン　理想国の現在』，慶應義塾大学出版会，2012年
佐々木毅『プラトンの呪縛』，講談社学術文庫，2000年（原著，講談社，1998年）
南原繁『国家と宗教　―ヨーロッパ精神史の研究』，岩波文庫，2014年（原著，岩波書店，1942年）
石塚正英・柴田隆行監修『哲学・思想翻訳語事典（増補版）』，論創社，2013年
田中美知太郎『ロゴスとイデア』，文春学藝ライブラリー，2014年（原著，岩波書店，1947年）
田中美知太郎『ソフィスト』，講談社学術文庫，1976年（原著，弘文堂，1941年）
田中美知太郎『プラトン』全４巻，岩波書店，1979-1984年

斎藤忍随『プラトン』，岩波新書，1972年
斎藤忍随『知者たちの言葉 —ソクラテス以前』，岩波新書，1976年
藤沢令夫『イデアと世界 —哲学の基本問題』，岩波書店，1980年
井上忠『根拠よりの挑戦 —ギリシア哲学究攻』，東京大学出版会，1974年
井上忠『哲学の現場 —アリストテレスよ　語れ』，勁草書房，1980年
加藤信朗『初期プラトン哲学』，東京大学出版会，1988年
加藤信朗『哲学の道 —初期哲学論集』，創文社，1997年

付　　録

1．ギリシア哲学史関連地図

2．ギリシア哲学史関連年表

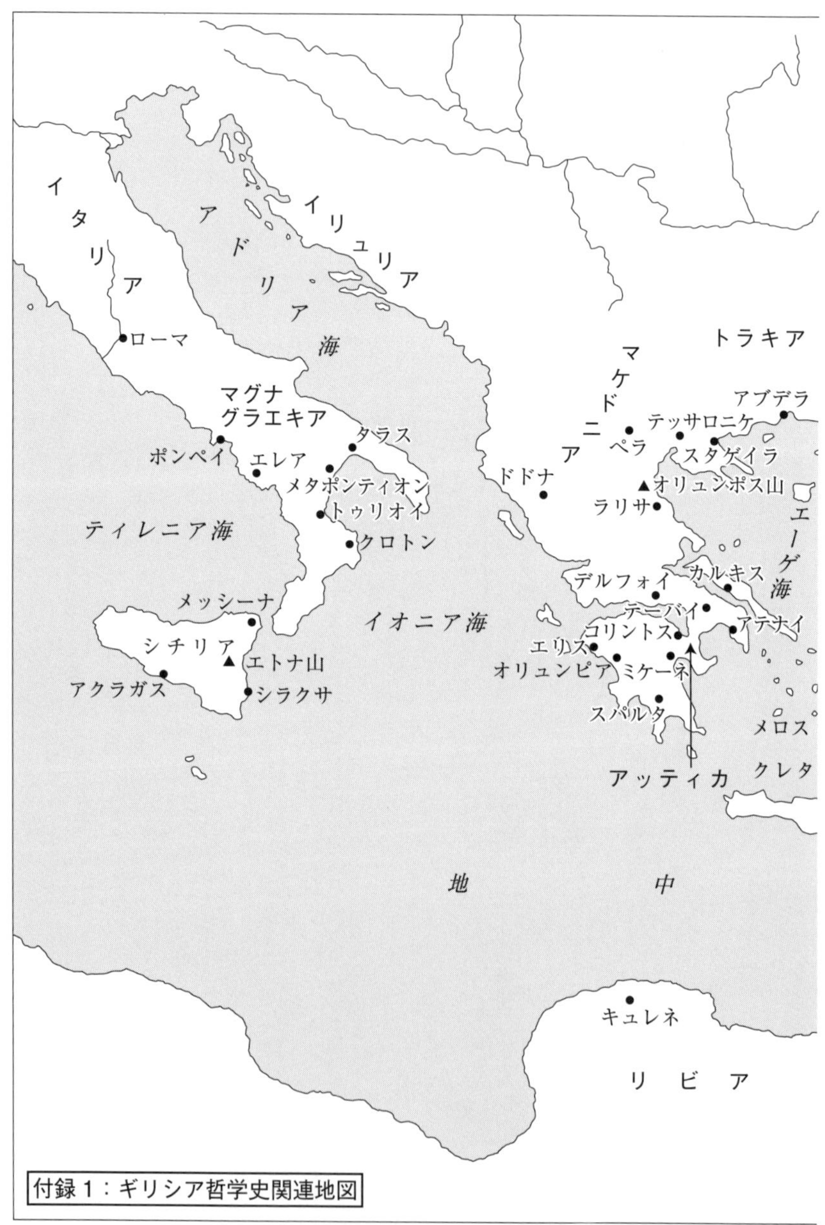

付録１：ギリシア哲学史関連地図

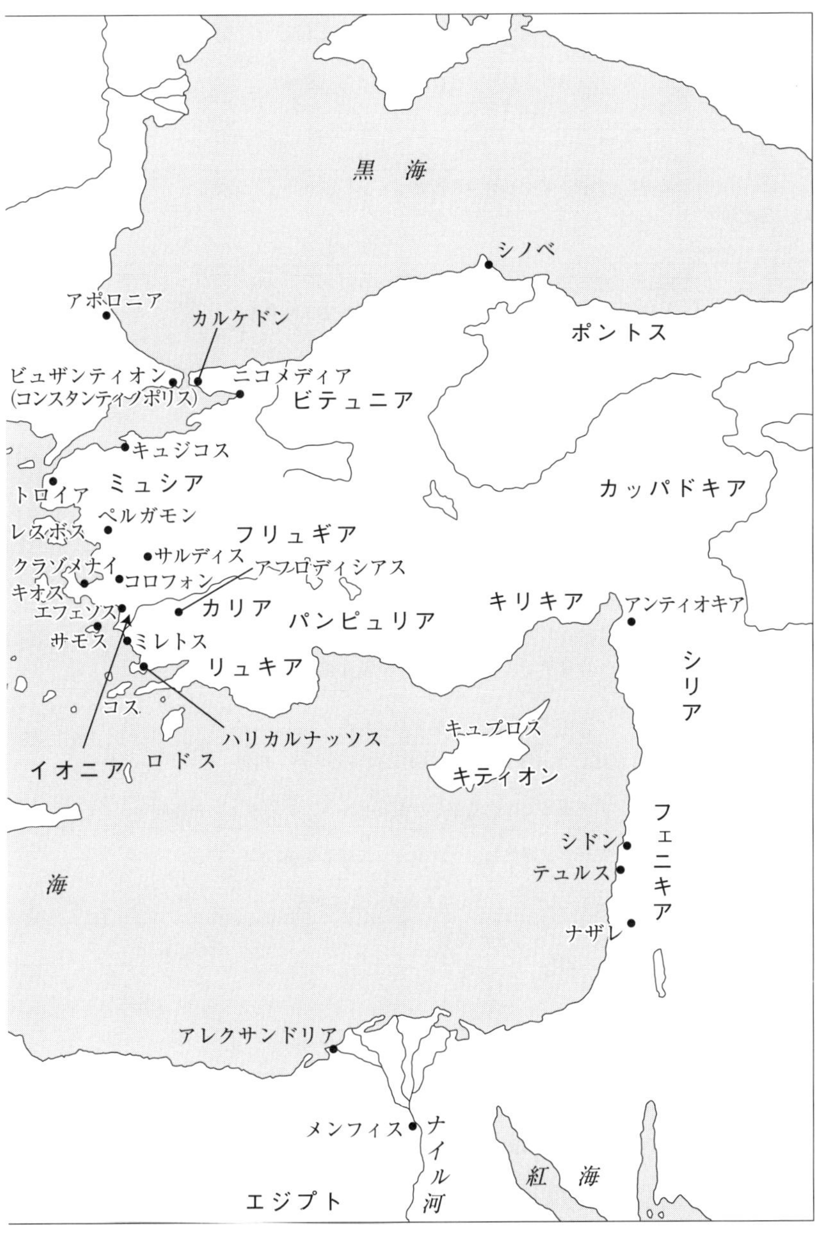
黒 海
シノペ
アポロニア
カルケドン
ポントス
ビュザンティオン
(コンスタンティノポリス)
ニコメディア
ビテュニア
キュジコス
ミュシア
トロイア
カッパドキア
ペルガモン
レスボス
フリュギア
サルディス
クラゾメナイ
アフロディシアス
コロフォン
キオス
キリキア
アンティオキア
エフェソス
カリア
パンピュリア
サモス
ミレトス
シ
リ
ア
リュキア
コス
キュプロス
ハリカルナッソス
イオニア
ロドス
キティオン
フェニキア
シドン
テュルス
海
ナザレ
アレクサンドリア
メンフィス
ナイル河
紅 海
エジプト

■付録2：ギリシア哲学史関連年表■

西　暦	ギリシア・ローマの政治と社会
前8世紀	前776　古代オリンピック競技会が始まる（伝承） 前753　ローマ建国（伝承）
前7世紀	
前6世紀前半	前594　アテナイでソロンの改革
前6世紀後半	前546　リュディアがペルシアに滅ぼされる 前546頃　アテナイでペイシストラトスが僭主政を確立 前538　サモスでポリュクラテスが僭主となる 前532頃　南イタリアにエレア創建
前500～460年	前498～494　イオニア諸ポリスがペルシアに反乱 前492～490　ダレイオス1世，ギリシアに侵攻 前481～480　クセルクセス，ギリシアに再度侵攻 前478　デロス同盟成立。アテナイの覇権確立
前459～425年	前443頃　南イタリアにトゥリオイ創建 前441頃　メリッソスの率いるサモス海軍がアテナイを破る 前431　ペロポネソス戦争始まる〔－前404〕 前429　アテナイで疫病，ペリクレスら死去
前424～400年	前415～413　アテナイがシチリアに遠征するが，壊滅 前411　アテナイで寡頭派革命が失敗し，アンティフォンが処刑 前404　アテナイ降伏し，ペロポネソス戦争終結 前404～403　アテナイで「30人政権」が寡頭政
前399～375年	前395～386　コリントス戦争
前374～350年	前360年代　タラスでアルキュタスが将軍に選出される 前362　マンティネイアの戦い 前356　アレクサンドロス3世（大王）生まれる

ギリシア・ローマの哲学	エジプト・メソポタミア・インド・中国
前700頃　ホメロス，ヘシオドスの叙事詩が作られる	
前625頃　タレス生まれる〔－前548頃〕	前7世紀頃　ウパニシャッド哲学が成立
前585頃　タレスが日食を予言する 前572頃　ピュタゴラスがサモスに生まれる	前586　ユダ王国滅亡。バビロン捕囚〔－前538〕 前6世紀　ゴータマ・シッダールタ(ブッダ)生まれる 前551頃　孔子生まれる〔－前479〕
前545頃　クセノファネスがコロフォンを離れる 前532頃　ピュタゴラスがサモスからイタリアに亡命	前549頃　ジャイナ教始祖，ヴァルダマーナ生まれる〔－前477頃〕
前500頃　ヘラクレイトス盛期，アナクサゴラス生まれる 前494頃　ピュタゴラス，メタポンティオンで死去 前469頃　ソクラテス生まれる 前460頃　デモクリトス生まれる	前486頃　第1回仏典結集 前480頃　墨子生まれる〔－前390頃〕 前460頃　『論語』成立
前456頃　アナクサゴラスがアテナイ訪問〔－前437頃〕 前454頃　ピュタゴラス派の拠点が焼き討ちされ，フィロラオスら南イタリアを追われる 前443頃　プロタゴラスがトゥリオイの法律を起草 前427　プラトン生まれる。ゴルギアス，アテナイ民会で演説	前430頃　エズラ，エルサレムでモーセの律法を解説
前423　アリストファネス『雲』上演	前403　韓・魏・趙が独立し諸侯となり，戦国時代始まる〔－前221〕 前401　ペルシアの王弟キュロスの反乱，クセノフォンが傭兵として参加 前400　この頃までにモーセ五書(律法)成立。叙事詩「マハーバーラタ」の原型が作られ始める
前399　ソクラテス，不敬罪の裁判で有罪となり刑死 前390頃　イソクラテス，アテナイに弁論術学校を開く 前387　プラトン，イタリアとシチリアに渡航。帰国後，アカデメイア創設 前384　アリストテレス生まれる	前4世紀　荘子生まれる 前386　第2回仏典結集
前367　アリストテレス，アカデメイアに入門。プラトン，第2回シチリア行 前361　プラトン，第3回シチリア行 前354　シチリアでディオンが暗殺される 前353頃　イソクラテス『アンティドシス』発表	前370頃　孟子生まれる〔－前289頃〕 前350頃　サンスクリット文法の完成者パーニニ生まれる〔－前300〕 前350　秦，都を咸陽に移す

西　暦	ギリシア・ローマの政治と社会
前349～325年	前338　ギリシア連合軍がカイロネイアの戦いに敗北し，マケドニアが覇権を掌握 前337　コリントス同盟（ヘラス同盟）成立 前336　アレクサンドロス，マケドニア王に即位 前334　アレクサンドロスの東方遠征始まる〔－前323頃〕，ピュロンらインドまで随行
前324～300年	前323　アレクサンドロス大王死去 前322　ヘレニズム時代始まる〔－前30頃〕
前299～275年	前280　アカイア同盟成立〔－前146〕
前274～250年	前272　ローマによるイタリア半島統一 前264　第１次ポエニ戦争〔－前241〕
前249～200年	前218　第２次ポエニ戦争〔－前201〕 前215　第１次マケドニア戦争〔－前205〕 前200　第２次マケドニア戦争〔－前197〕
前199～150年	前168　マケドニア王国滅亡
前149～100年	前149　第３次ポエニ戦争〔－前146〕 前146　カルタゴ滅亡，ローマがマケドニア，ギリシア領有 前133　ローマがヒスパニア，ペルガモン領有
前99～50年	前90　カエサルのユリウス法成立 前88　ミトリダテス戦争〔－前63〕 前86　スッラのローマ軍がアテナイを占領

ギリシア・ローマの哲学	エジプト・メソポタミア・インド・中国
前347　プラトンが死去し,学園アカデメイアはスペウシッポスが継ぐ。アリストテレスは小アジアへ 前343　アリストテレス，王子アレクサンドロスの教師になる〔－前340〕 前339　スペウシッポスが死去し,アカデメイアでクセノクラテスが学頭に選出される 前335　アリストテレス，リュケイオン創設	前331　アレクサンドロス，エジプトを征服。アレクサンドリア建設開始 前330　アケメネス朝ペルシア滅亡 前330頃　チャンドラ・グプタにより初の統一王朝マウリヤ朝が成立 前326　アレクサンドロス大王，インド・パンジャーブ地方に到達
前323　シノペのディオゲネス死去。アリストテレス，アテナイを去る 前322頃　アリストテレス死去 前314　クセノクラテスが死去し，ポレモンがアカデメイアを引き継ぐ 前307頃　サモスのエピクロス，アテナイ郊外に「庭園」を開く 前300頃　キティオンのゼノン，アテナイの彩色柱廊で教え始める	前305　プトレマイオス朝エジプト建国 前305　セレウコス朝シリア建国 前301　イプソスの戦い（マケドニア分裂）
前286頃　テオフラストスが死去し，ランプサコスのストラトンがリュケイオンを継ぐ	前298頃　荀子生まれる〔－前235頃，諸説あり〕 前285以後　プトレマイオス２世の治下で，アレクサンドリア図書館が創設
前270　ポレモンが死去し，クラテスがアカデメイア学頭となる 前264　アカデメイアでアルケシラオスが学頭となり，懐疑主義に転向 前261頃　ゼノンが死去し，クレアンテスがストア派学頭となる	前268頃　アショーカ王即位。アショーカ王は仏教理念を碑文に刻ませ，アフガニスタンではギリシア語も並記される
前232頃　クリュシッポスがストア派学頭になる	前247　アルサケス１世，パルティア建国 前221　秦の始皇帝，中国を統一
前155　アテナイからローマへカルネアデスら３学派の哲学者が派遣されて講演を行う	前160～140　バクトリアでメナンドロス（ミリンダ）王が統治，ナーガセーナと対話
前129　パナイティオスがストア派学頭になる	前146　孔子の諸文書，再発見される
前86頃　アスカロンのアンティオコス，ラリサのフィロンから離れ，中期プラトン主義となる	前90頃　司馬遷『史記』完成

西　暦	ギリシア・ローマの政治と社会
前99～50年	前64　セレウコス朝シリア滅亡 前60　第１回三頭政治成立
前49～1年	前44　カエサルが終身独裁官となる 前44　カエサル暗殺 前30　プトレマイオス朝エジプト滅亡，ヘレニズム時代終わる 前27　オクタウィアヌス，アウグストゥスの称号を受け，ローマ帝政開始
後1～50年	14　アウグストゥス帝没，ティベリウスが即位
51～100年	54　ネロ帝即位 79　ヴェスヴィオ火山の大噴火
101～150年	117　ハドリアヌス帝即位
151～200年	161　マルクス・アウレリウス帝即位〔－180〕 165頃　ユスティノス殉教
201～250年	
251～300年	257　フランク人，ガリアに侵入
301～350年	313　コンスタンティヌス１世によるミラノ勅令 325　第１回ニカイア公会議 330　コンスタンティヌス１世，コンスタンティノポリスへ遷都
351～400年	380　テオドシウス１世，アタナシウス派を正統とする
401～450年	
451～500年	451　カルケドン公会議 476　西ローマがオドアケルによって滅ぼされる 493　テオドリックがイタリアに東ゴート王国建設
501～550年	524　ボエティウス，テオドリックへの反逆罪で処刑 529　ユスティニアヌス１世，アテナイの異教学校閉鎖

ギリシア・ローマの哲学	エジプト・メソポタミア・インド・中国
前79　キケロ，アテナイ遊学 前55〜51　キケロ『弁論家について』等を執筆 前52　カエサル『ガリア戦記』	
前45　キケロ『トゥスクルム荘対談集』等を執筆 前43　キケロ暗殺される	
30頃　ナザレのイエスが磔刑になる	36　光武帝，中国を統一して後漢を興す
65　セネカがネロの命令で自決 66　プルタルコス，アテナイに出る 67頃　パウロ，ローマで殉教 95　エピクテトスがローマを去り，ニコポリスで教え始める	
150頃　プトレマイオス，アレクサンドリアで活躍	150頃　ナーガールジュナ（龍樹）生まれる
162頃　ガレノス，ローマで活躍 200頃　アフロディシアスのアレクサンドロスが活躍	
244　プロティノス，ローマに入り講義を始める	222　魏・呉・蜀の三国時代 239　邪馬台国の卑弥呼，魏に使節を派遣
	280　呉が滅び，晋が中国を統一
301　ポルフュリオスがプロティノス『エンネアデス』完成	
397　アウグスティヌス『告白』〔－401〕	
415　ヒュパティア，キリスト教徒に殺害される 437　シュリアノスが死去し，プロクロスがアカデメイア学頭になる	412　法顕，インドより帰国 439　北魏の太武帝が華北を統一し，南北朝時代始まる〔－589〕
532頃　アカデメイアにいたダマスキオスやシンプリキオスら，サーサーン朝ペルシアのホスロー1世の元に赴く	

索引

●配列は五十音順。数字は生没年。

人名編

●あ 行

●か　行

●さ　行

●た　行

●な　行

●は　行

●ま　行

●や　行

●ら・わ　行

事　項　編

●あ　行

●か　行

●さ　行

著者紹介

納富　信留（のうとみ・のぶる）

1965年　東京都に生まれる
1987年　東京大学文学部卒業
1990年　東京大学大学院人文科学研究科修士課程修了
1995年　ケンブリッジ大学大学院古典学部博士号取得
現在　東京大学大学院人文社会系研究科教授
専攻　西洋古代哲学

主な著書　『ギリシア哲学史』（筑摩書房，2021年）
『世界哲学史』全8巻＋別巻（共編著，ちくま新書，2020年）
『対話の技法』（笠間書院，2020年）
『プラトン哲学への旅 —エロースとは何者か』（NHK出版新書，2019年）
プラトン『パイドン』（訳・解説，光文社古典新訳文庫，2019年）
『よくわかる哲学・思想』（共編著，ミネルヴァ書房，2019年）
『哲学の誕生 —ソクラテスとは何者か』（ちくま学芸文庫，2017年）
『テクストとは何か —編集文献学入門』（共編著，慶應義塾大学出版会，2015年）
『プラトンとの哲学 —対話篇をよむ』（岩波新書，2015年）
『ソフィストとは誰か？』（ちくま学芸文庫，2015年）
『100分 de 名著　プラトン『饗宴』』（NHK出版，2013年）
Dialogues on Plato's Politeia (Republic) : Selected Papers from the Ninth Symposium Platonicum, Noburu Notomi and Luc Brisson (eds.), Academia Verlag, 2013
プラトン『ソクラテスの弁明』（訳・解説，光文社古典新訳文庫，2012年）
『プラトン　理想国の現在』（慶應義塾大学出版会，2012年）
『ソフィストと哲学者の間 —プラトン『ソフィスト』を読む』（名古屋大学出版会，2002年）

放送大学教材　1740172-1-2211（ラジオ）

西洋哲学の根源

発　行　　2022年3月20日　第1刷
　　　　　2023年8月20日　第2刷
著　者　　納富信留
発行所　　一般財団法人　放送大学教育振興会
　　　　　〒105-0001　東京都港区虎ノ門1-14-1　郵政福祉琴平ビル
　　　　　電話　03（3502）2750

市販用は放送大学教材と同じ内容です。定価はカバーに表示してあります。
落丁本・乱丁本はお取り替えいたします。

Printed in Japan　ISBN978-4-595-32318-8　C1310